하루 한 쪽
한자 365

1권
봄·여름
1학기편

copyright ⓒ 2023, 송재환
이 책은 한국경제신문 한경BP가 발행한 것으로
본사의 허락 없이 이 책의 일부 또는 전체를 복사하거나
전재하는 행위를 금합니다.

하루 한 쪽 한자 365

고전에서 배우는
**초등 국어
필수 한자**

송재환 지음

1권

봄·여름
1학기편

한국경제신문

이 책은 이렇게 활용하세요!

- 모든 공부는 하루도 빼먹지 않고 매일매일 꾸준히 하는 게 제일 중요해요. 하루 분량이 적고 시시해 보이더라도, 또는 너무 많고 버겁더라도 절대 거르지 말고 하루에 딱 한 쪽씩 매일매일 하는 습관을 들여 보세요.
- 공부를 잘하려면 예습보다 복습이 중요하다는 걸 알고 있나요? 한 번 외운 한자는 복습을 통해 완전히 내 것으로 만들어야 해요. 한자를 외운 뒤 며칠 지나서 다시 써 보세요.
- 모든 언어는 소리 내서 따라 읽어야 오래 기억에 남아요. 한 구절 전체를 크게 따라 읽은 뒤 한 자 한 자 크게 읽으면서 쓰면 더 빨리, 오래 기억할 수 있어요.

이 책은 이렇게 구성되어 있어요!

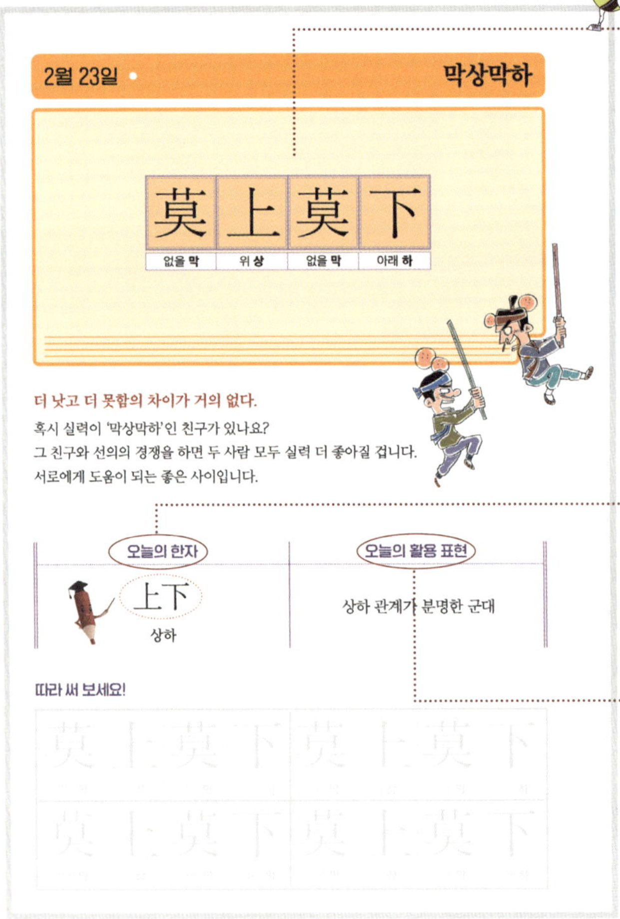

2월 23일 — 막상막하

莫 上 莫 下
없을 막 · 위 상 · 없을 막 · 아래 하

더 낫고 더 못함의 차이가 거의 없다.
혹시 실력이 '막상막하'인 친구가 있나요?
그 친구와 선의의 경쟁을 하면 두 사람 모두 실력 더 좋아질 겁니다.
서로에게 도움이 되는 좋은 사이입니다.

오늘의 한자
上下 상하

오늘의 활용 표현
상하 관계가 분명한 군대

따라 써 보세요!

莫上莫下 莫上莫下
莫上莫下 莫上莫下

1단계 오늘의 명언
해당 날짜에 맞는 명언을 배워 보아요.

2단계 오늘의 한자
명언에서 꼭 알아야 할 하나의 한자를 써 보아요.

3단계 오늘의 활용 표현
오늘의 한자를 활용한 단어를 익혀 보아요.

한자를 익히며 어휘력도 쑥쑥

어휘력은 공부뿐만 아니라 인생의 넓이와 깊이도 좌우합니다. 우리말의 어휘를 늘릴 수 있는 가장 좋은 방법은 바로 한자를 아는 것입니다. 하루 10분, 한 쪽씩 한자를 읽고 쓰면서 부담 없이 한자를 배워 보세요!

24절기에 대한 이해

24절기는 우리 생활과 밀접한 관련이 있습니다. 매년 찾아오는 절기를 이해하면 시간의 흐름과 계절을 이해하고, 자연에 대한 좀 더 깊은 관심과 통찰력을 기를 수 있습니다.

표현력과 이해력이 자라는 사자성어

사자성어는 일상생활에서 정말 많이 쓰이지만 학습 격차가 가장 많이 나는 영역이기도 합니다. 사자성어를 알면 말이나 글에 대한 이해력이 크게 좋아지고 글쓰기나 말하기를 할 때 표현력이 풍부해집니다. 일상생활에서 가장 많이 쓰이는 사자성어를 150개 이상 엄선했습니다.

《사자소학》과 《명심보감》을 통한 '좋은 사람' 되기

《사자소학》과 《명심보감》 같은 인문철학고전을 접하면 한자 실력도 좋아지지만 무엇보다 '좋은 사람'이 됩니다. 고전 속 구절들은 끊임없이 자신을 되돌아보게 만들고 좋은 사람이 되기 위해서 어떻게 행동해야 하는지를 가르쳐 줍니다.

《논어》《맹자》 등을 통한 인생의 진리 찾기

《논어》《맹자》와 같은 경전의 구절들은 뻔한 말 같지만 인생의 진리를 품고 있습니다. 읽다 보면 나도 그렇게 살아야겠다는 생각이 듭니다. 이것이 '경전의 힘'이고 '진리의 힘'입니다. 이런 경전의 구절을 마음속에 아로새겨 봅시다.

머리말

3학년 친구들에게 분수의 종류인 대분수를 가르칠 때 있었던 일입니다.

"혹시 대분수에서 '대' 자가 한자로 뭔지 아는 친구 있나요?"

"큰 대(大) 자 아닌가요?"

대부분 친구들이 대분수에서 '대' 자는 '큰 대(大)'라고 말하고 대분수의 뜻은 '큰 분수'라고 말했습니다. 그런데 평소 수학을 잘하는 친구 한 명이 조심스레 손을 들더군요.

"대분수에서 '대' 자는 '허리띠 대(帶)'이고, 자연수와 진분수가 허리띠 모양을 하고 있어서 붙여진 이름입니다."

이 친구는 대분수의 한자를 정확히 알고 있었기 때문에 대분수의 뜻도 다른 아이들과는 다르게 정확히 알고 있었습니다. 이런 일은 학교 교실에서 비일비재하게 일어납니다.

공부를 잘하려면 교과서에 나오는 용어의 뜻을 정확하게 아는 것이 무엇보다 중요합니다. 용어의 뜻을 정확히 알기 위해서는 한자를 아는 것이 절대적으로 유리하죠. 문제는 '한자를 어떻게 공부해야 하는가'입니다. 한자를 낱자로 외우는 것은 큰 의미가 없습니다. 낱자로 외우면 금세 까먹을 뿐만 아니라 한자의 활용성이 크게 떨어지니까요. 한자는 낱자로 외우는 것보다는 낱말이나 문장을 통해 익히는 것이 좋습니다.

《하루 한 쪽 한자 365》는 매일 한 낱말, 또는 한 문장을 써 보면서 한자와 친해지고 한자를 익히도록 구성되어 있습니다. 일상생활에서 많이 쓰이는 사자성어, 절기 등을 한자로 써 보면서 그 뜻을 알아 갈 수 있어 교양을 높이는 데 많은 도움이 될 것입니다. 무엇보다 이 책의 장점은《사자소학(四字小學)》,《명심보감(明心寶鑑)》,《논어(論語)》,《맹자(孟子)》와 같은 고전에서 초등생들이 익히면 좋을 명문장들을 소개한다는 점입니다. 이 과정을 통해 어렵고 낯설게만 느껴지던 고전이 친숙해지고, 그 고전에서 강조하는 인생의 가치와 인간의 도리를 생각하면서 자신의 성품을 돌아보게 될 것입니다. 때로는 인생의 명문장을 만나는 기회가 될 수도 있을 테고요.

'하루 한 구절'씩 365일 1년 동안 이 책을 따라 읽고 쓰다 보면 1년 뒤의 나의 모습은 전혀 다른 모습이 되어 있을 것이라 확신합니다. 고전책에 보석 같이 박혀 있는 '한 구절의 힘'을 믿습니다. 이 책을 읽고 직접 써 가면서 보석 같은 한 구절을 만나는 행운이 있기를 바랍니다. 자, 이제 보석을 캘 준비가 되었나요?

초등교사 작가 **송재환**

1월

1월 1일 · 근하신년

謹 賀 新 年
삼갈 근 / 하례 하 / 새 신 / 해 년

삼가 새해를 축하합니다.

올해도 어김없이 새해가 찾아왔습니다.
올 한 해도 건강하고 행복한 나날이 되길 바랍니다.
오늘 주변 사람들에게 새해 인사를 건네 보세요.
"새해 복 많이 받으세요."

오늘의 한자	오늘의 활용 표현
新年 신년	신년에 꼭 이루고 싶은 일

따라 써 보세요!

謹賀新年 謹賀新年
삼갈 근 / 하례 하 / 새 신 / 해 년 / 삼갈 근 / 하례 하 / 새 신 / 해 년

謹賀新年 謹賀新年
삼갈 근 / 하례 하 / 새 신 / 해 년 / 삼갈 근 / 하례 하 / 새 신 / 해 년

위선자는 천보지이복이니라 • 1월 2일

명심보감 계선편

착한 일을 하는 사람에게는 하늘이 복을 준다.

인생을 후회 없이 사는 방법 중 하나는 착하게 사는 것입니다.
하루에 착한 일을 한 가지씩 실천하면 올 한 해가 더욱 행복해질 것입니다.

오늘의 한자	오늘의 활용 표현
幸福 행복	행복한 하루

따라 써 보세요!

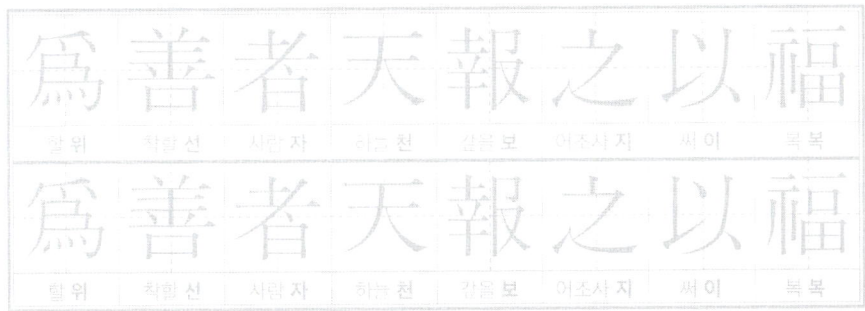

1월 3일 — 작심삼일

단단히 먹은 마음이 사흘을 못 간다.

새해가 시작된 지 사흘이 되는 날입니다.
혹시 새해에 마음먹었던 굳은 의지가 벌써 흔들리는 건 아니겠지요?
풀어지려는 내 마음을 다시 한 번 추슬러 보세요.

오늘의 한자	오늘의 활용 표현
作心 작심	거짓말을 하지 않기로 작심했다.

따라 써 보세요!

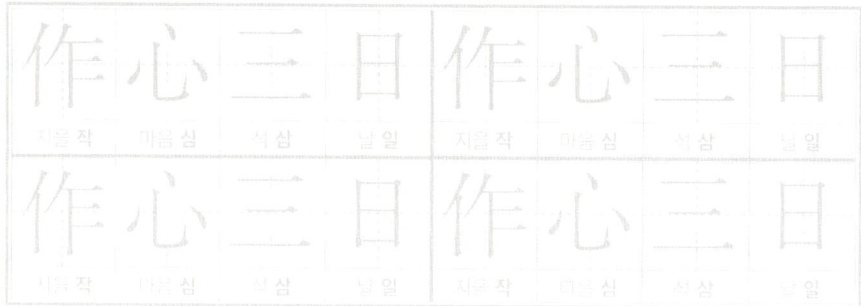

위불선자는 천보지이화니라 • 1월 4일

명심보감 계선편

나쁜 일을 하는 사람에게는 하늘이 재앙을 준다.
나쁜 짓을 하는 사람이 오히려 잘되는 것 같아 억울한가요?
하지만 결국은 하늘이 재앙을 내립니다.
착하게 사는 것이 이기는 것임을 다시 한 번 되새겨 보세요.

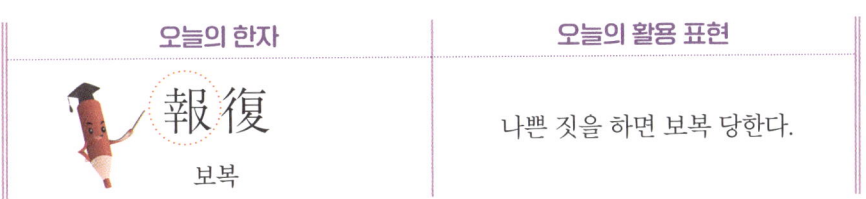

따라 써 보세요!

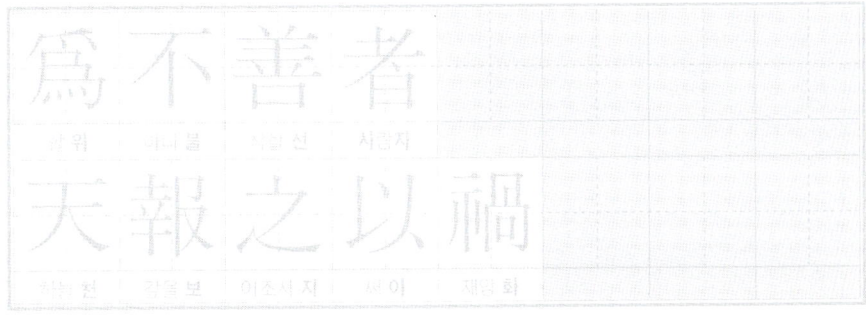

1월 5일 ・　　　　　　　　　　　　　　　　　　　　　　**소한**

24절기 중 스물세 번째 절기.

"소한 추위는 꾸어다가라도 한다"고 할 정도로 1년 중 가장 추운 절기입니다.
이 추위만 잘 견디면 올 추위도 한풀 꺾일 것입니다.
오늘도 따뜻한 하루 보내세요.

오늘의 한자	오늘의 활용 표현
小寒 소한	추위가 기승을 부리는 소한

따라 써 보세요!

위인자자 갈불위효

• 1월 6일

사자소학

사람의 자식된 자가 어찌 효도를 하지 않겠는가.

사람과 짐승의 차이가 있다면 그중 하나는 '효도'일 것입니다.
짐승에게는 효도라는 개념이 없지만 사람은 효도를 압니다.
사람의 자식이라면 효도해야 하는 것이 마땅합니다.

오늘의 한자	오늘의 활용 표현
孝行 효행	효행상을 받은 어머니

따라 써 보세요!

1월 7일 · 감언이설

달콤한 말과 이로운 말로 남을 꾀다.

달콤한 말과 이로운 말을 해 주는 사람은 나를 굉장히 사랑하는 사람일 수도 있지만, 이용하려는 사람일 수도 있습니다.
남에게 속지 않으려면 '감언이설'을 잘 분별하는 지혜가 필요합니다.

오늘의 한자	오늘의 활용 표현
甘言 감언	남의 감언에 속지 않기

따라 써 보세요!

구물잡담 수물잡희

• 1월 8일

사자소학

입으로는 잡담하지 말며, 손으로는 장난치지 말라.

공부 잘하는 지름길은 공부 시간에 집중하는 것입니다. 집중을 하려면 잡담하지 말고 장난치지 않아야 합니다. 나의 수업 태도를 점검해 보는 하루가 되길 바랍니다.

오늘의 한자	오늘의 활용 표현
雜談 잡담	수업 시간에 잡담하지 않기

따라 써 보세요!

1월 9일 • 물이선소이불위하라

작은 선이라도 행하지 않으면 안 된다.

착한 일은 작은 것이라도 실천해야 합니다.
그렇지 않으면 우리 마음에 나쁜 마음들이 자리하게 됩니다.
작은 선이라도 실천하면 마음 한편에 행복이 자리합니다.

오늘의 한자	오늘의 활용 표현
善行 선행	밝게 빛나는 당신의 선행

따라 써 보세요!

인불지이불온이면 불역군자호라 • 1월 10일

논어 학이편

남이 알아주지 않아도 화내지 않는다면 그 또한 군자답지 않은가.

남이 나를 알아주지 않으면 우리는 화가 납니다.
남의 시선을 중요하게 생각하기 때문입니다.
'남의 시선'보다 더 중요한 것은 내가 나를 어떻게 보느냐입니다.

오늘의 한자	오늘의 활용 표현
君子 군자	군자처럼 훌륭한 사람

따라 써 보세요!

1월 11일

출필고지 반필면지

사자소학

나갈 때에는 반드시 부모님께 아뢰고, 돌아오면 반드시 부모님을 뵈어라.

효도는 부모님의 마음에 걱정을 끼치지 않는 것이 아닐까요?
집에서 나갈 때는 잘 다녀오겠다고 인사하고,
집에 들어올 때는 잘 다녀왔다고 인사하는 것이 자녀의 마땅한 도리입니다.

오늘의 한자	오늘의 활용 표현
出入 출입	출입문 가지고 장난치지 않기

따라 써 보세요!

개과천선

• 1월 12일

改	過	遷	善
고칠 개	잘못 과	옮길 천	착할 선

잘못을 고치고 착하게 바뀌다.

잘못을 고칠 줄 아는 사람은 훌륭한 사람입니다.
오늘 하루, 나의 잘못을 한 가지라도
고치려고 노력해 보면 어떨까요?

오늘의 한자	오늘의 활용 표현
改善 개선	개선된 환경

따라 써 보세요!

改過遷善 改過遷善
고칠개 잘못과 옮길천 착할선 고칠개 잘못과 옮길천 착할선

改過遷善 改過遷善
고칠개 잘못과 옮길천 착할선 고칠개 잘못과 옮길천 착할선

1월 13일 — **십목소시며 십수소지니 기엄호라**

대학 전6장

**수많은 눈이 보고 있으며 수많은 손이 가리키고 있으니,
이 얼마나 두려운 일인가!**

남이 보지 않을 때 옳지 않은 행동을 한 적이 있나요?
아무도 보지 않는 것 같아도 수많은 눈이 우리를 보고 있습니다.
다른 사람은 몰라도 나는 알고 있지요.

오늘의 한자	오늘의 활용 표현
指示 지시	갈 길을 지시해 주다.

따라 써 보세요!

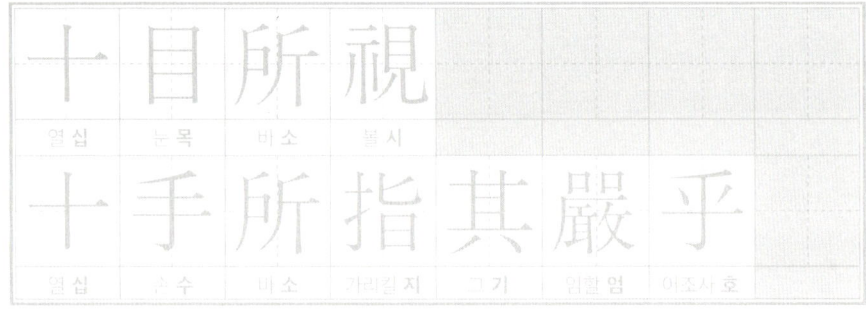

의복수악 여지필착 • 1월 14일

=사자소학

비록 의복이 나쁘더라도 부모님이 주시면 반드시 입어라.

부모님이 주시는 옷이 마음에 들지 않을 수 있습니다.
그렇더라도 부모님께 짜증 내거나 화내지 마세요.
옷보다 부모님이 더 소중하잖아요!

오늘의 한자	오늘의 활용 표현
衣服 의복	제대로 갖춰 입은 의복

따라 써 보세요!

1월 15일 — 음식수악 여지필식

飲 食 雖 惡
마실 음 / 밥 식 / 비록 수 / 악할 악

與 之 必 食
줄 여 / 이것 지 / 반드시 필 / 먹을 식

― 사자소학

비록 음식이 싫더라도 부모님이 주시면 반드시 먹어라.

부모님이 차려 주신 밥상이 마음에 들지 않는다고 투정 부리곤 하나요?
이럴 때 부모님은 많이 속상합니다. 부모님이 차려 주신 밥상에 감사해 보세요.
없던 입맛도 살아날 것입니다.

오늘의 한자	오늘의 활용 표현
食事 식사	식사 예절을 잘 지키자.

따라 써 보세요!

飲 食 雖 惡 與 之 必 食
마실 음 / 밥 식 / 비록 수 / 악할 악 / 줄 여 / 이것 지 / 반드시 필 / 먹을 식

飲 食 雖 惡 與 之 必 食
마실 음 / 밥 식 / 비록 수 / 악할 악 / 줄 여 / 이것 지 / 반드시 필 / 먹을 식

고진감래

• 1월 16일

苦 盡 甘 來
쓸 고 / 다할 진 / 달 감 / 올 래

고생 끝에 낙이 온다.

좋은 것은 절대 저절로 얻어지지 않습니다.
고생스럽지만 최선을 다하다 보면 달콤한 열매를 맛볼 수 있을 것입니다.
오늘은 고생 끝에 낙이 오는 날이 되었으면 좋겠습니다.

오늘의 한자	오늘의 활용 표현
苦生 고생	고생스럽지만 조금만 참자.

따라 써 보세요!

1월 17일 — 결초보은

結 맺을 결　草 풀 초　報 갚을 보　恩 은혜 은

받은 은혜를 잊지 않고 반드시 갚는다.

"원수는 돌에 새기고 은혜는 물에 새긴다"는 말을 들어 본 적 있나요?
우리는 섭섭함은 잘 까먹지 않고 받은 은혜는 잘 까먹습니다.
내가 받은 은혜를 생각하며 은혜 갚는 하루를 보내 보세요.

오늘의 한자	오늘의 활용 표현
恩惠 은혜	부모님의 은혜

따라 써 보세요!

結草報恩　結草報恩
맺을 결　풀 초　갚을 보　은혜 은　맺을 결　풀 초　갚을 보　은혜 은

結草報恩　結草報恩
맺을 결　풀 초　갚을 보　은혜 은　맺을 결　풀 초　갚을 보　은혜 은

부모애지 희이물망

• 1월 18일

사자소학

부모님이 사랑해 주시거든 기뻐하고 잊지 말라.

부모님의 사랑을 흔히 하늘처럼 높고 바다처럼 넓다고 말합니다.
그렇다고 부모님의 사랑이 당연한 것은 아닙니다.
부모님의 사랑을 느낄 때 기뻐하고 감사하며 잊지 않았으면 좋겠습니다.

오늘의 한자	오늘의 활용 표현
忘却 망각	부모님의 사랑을 망각하지 말자.

따라 써 보세요!

1월 19일 • 물이악소이위지하라

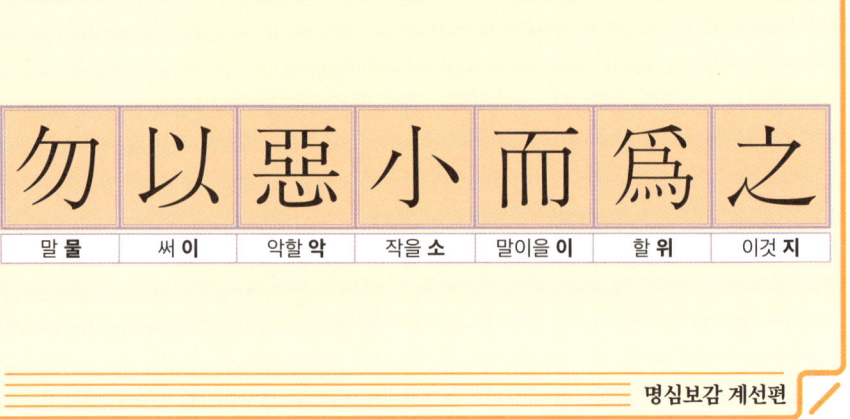

명심보감 계선편

나쁜 일은 아무리 작더라도 해서는 안 된다.

눈에 보이지도 않는 바이러스가 우리 몸에 들어와 건강을 해칩니다.
아무리 작은 악이라도 시작하면 결국 내 인생을 망치기 쉽습니다.
나쁜 일에는 조그만 빈틈이라도 내어 주지 않아야겠습니다.

오늘의 한자	오늘의 활용 표현
惡行 악행	절대 하지 말아야 할 악행

따라 써 보세요!

대한　　　1월 20일

24절기 중 마지막 절기.
'큰 추위'라는 뜻을 지닌 절기입니다.
대한이 지나면 조금씩 날씨가 따뜻해질 겁니다.
오늘 하루, 희망을 가지고 따뜻하게 보내기 바랍니다.

오늘의 한자	오늘의 활용 표현
大寒 대한	한 해의 마지막 절기, 대한

따라 써 보세요!

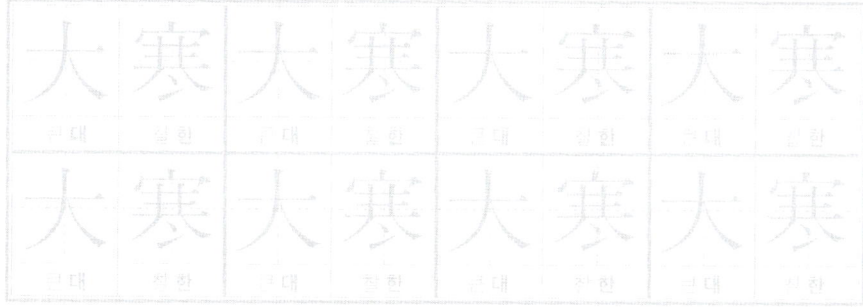

1월 21일 · 과유불급

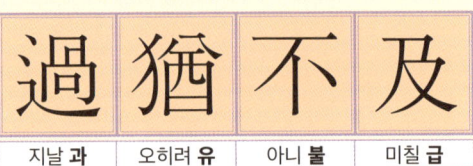

過	猶	不	及
지날 과	오히려 유	아니 불	미칠 급

지나침은 오히려 미치지 못함과 같다.

뭐든지 맛있다고 너무 많이 먹으면 배탈이 납니다.
'적당히'라는 말을 기억했으면 좋겠습니다.
아무리 좋은 것도 지나치면 독이 됩니다.

오늘의 한자	오늘의 활용 표현
過食 과식	과식은 몸에 해롭다.

따라 써 보세요!

過	猶	不	及	過	猶	不	及
지날 과	오히려 유	아니 불	미칠 급	지날 과	오히려 유	아니 불	미칠 급
過	猶	不	及	過	猶	不	及
지날 과	오히려 유	아니 불	미칠 급	지날 과	오히려 유	아니 불	미칠 급

부모책지 반성물원

• 1월 22일

사자소학

부모님이 꾸짖으시거든 반성하고 원망하지 말라.

다른 사람들의 꾸짖음과 부모님의 꾸짖음에는 어떤 차이가 있을까요?
다른 사람들의 꾸지람에는 나에 대한 사랑이 없지만,
부모님의 꾸지람에는 나에 대한 관심과 사랑이 녹아 있습니다.

오늘의 한자	오늘의 활용 표현
責望 책망	친구를 책망하다.

따라 써 보세요!

1월 23일 •   **금시초문**

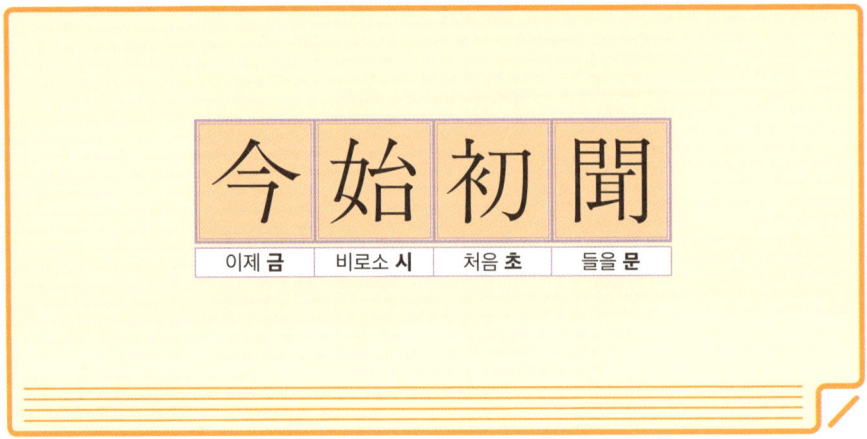

今	始	初	聞
이제 금	비로소 시	처음 초	들을 문

이제야 비로소 지금 처음 듣는다.

혹시 '금시초문'이라는 말을 처음 들어 보는 친구가 있나요?
그렇다면 '금시초문'이 '금시초문'이네요!
오늘은 처음 듣는 좋은 소식이 전해지면 좋겠습니다.

오늘의 한자	오늘의 활용 표현
始初 시초	시초부터 잘못된 싸움

따라 써 보세요!

今	始	初	聞	今	始	初	聞
이제 금	비로소 시	처음 초	들을 문	이제 금	비로소 시	처음 초	들을 문
今	始	初	聞	今	始	初	聞
이제 금	비로소 시	처음 초	들을 문	이제 금	비로소 시	처음 초	들을 문

물여인투 부모불안

• 1월 24일

사자소학

남과 더불어 싸우지 말라. 부모님이 불안해하신다.

친구와 싸우면 가장 걱정하시는 분들은 부모님입니다.
친구와 사이좋게 지내면 가장 기뻐하시는 분들도 부모님입니다.
자녀의 기쁨이 부모님의 기쁨입니다.

오늘의 한자	오늘의 활용 표현
不安 불안	시험에 대한 불안한 마음

따라 써 보세요!

1월 25일 • 순천자는 존하고 역천자는 망이니라

명심보감 천명편

하늘의 명에 따르는 사람은 살고, 하늘의 명에 거스르는 사람은 망한다.
누구나 세상에 나온 이유가 있습니다.
나는 세상에 왜 태어났는지 해답을 발견하면, 누구나 행복한 인생을 살아갈 수 있습니다.

오늘의 한자	오늘의 활용 표현
天命 천명	내 인생의 천명은 무엇일까?

따라 써 보세요!

괄목상대

• 1월 26일

눈을 비비고 볼 만큼 놀랍게 나아졌다.

오랜만에 만난 친구가 놀랍게 변한 내 모습에 놀라며 눈을 비비고 바라본다면 얼마나 좋을까요?
열심히 노력해서 크게 성장하는 여러분이 되길 바랍니다.

오늘의 한자	오늘의 활용 표현
相對 상대	상대에 대한 배려

따라 써 보세요!

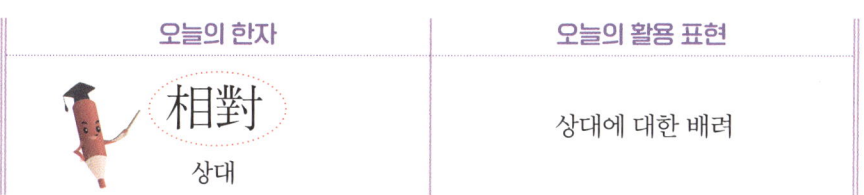

1월 27일 · 금상첨화

錦 上 添 化
비단 금 / 위 상 / 더할 첨 / 꽃 화

비단 위에 꽃을 더하듯 좋은 것에 더 좋은 것이 더해진다.

화려한 비단 위에 꽃이 더해지면 얼마나 아름다울까요?
오늘 하루, 좋은 일에 좋은 일이 더해지는 멋진 날이 되길 바랍니다.

오늘의 한자	오늘의 활용 표현
添加 첨가	비빔밥에 고추장을 첨가하다.

따라 써 보세요!

錦 上 添 化   錦 上 添 化
비단 금 위 상 더할 첨 꽃 화   비단 금 위 상 더할 첨 꽃 화

錦 上 添 化   錦 上 添 化
비단 금 위 상 더할 첨 꽃 화   비단 금 위 상 더할 첨 꽃 화

군자는 식무구포요 거무구안이라   • 1월 28일

논어 학이편

**군자는 먹을 것에 대해 배부름을 추구하지 않고,
거처하는 데 편안함을 추구하지 않는다.**

배부름과 편안함만을 추구하는 사람은 평범함을 벗어나지 못합니다.
군자는 그 이상을 추구합니다.
군자 같은 사람이 되려면 무엇을 추구하며 살아야 할까요?

오늘의 한자	오늘의 활용 표현
飽食 포식	포식하고 배탈이 났다.

따라 써 보세요!

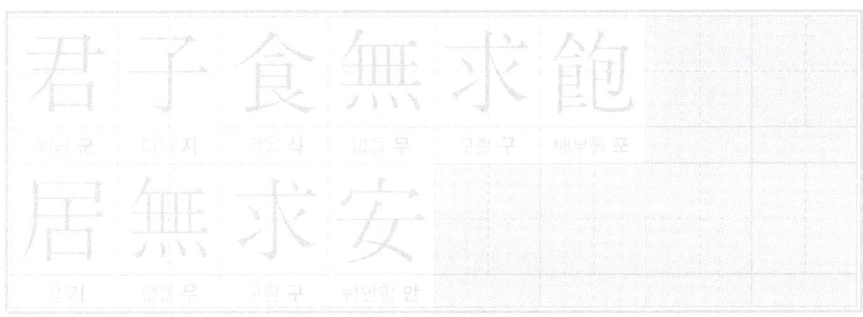

1월 29일 — 일기부모 기죄여산

한 번 부모님을 속이면, 그 죄가 산과 같다.

부모님이 가장 싫어하는 것은 자녀의 거짓말입니다.
자녀가 거짓말을 하면 부모님은 자녀에게 믿음을 주지 못한 것 같아
한없이 슬퍼집니다. 부모님을 속이는 일은 절대 없어야겠습니다.

오늘의 한자	오늘의 활용 표현
欺瞞 기만	부모님을 기만하지 말기

따라 써 보세요!

일일불념선이면 제악개자기니라   • 1월 30일

— 명심보감 계선편

하루라도 착한 일을 생각하지 않으면, 온갖 나쁜 일이 모두 저절로 일어난다.
우리가 살아가면서 잠시라도 선을 마음에 두지 않는다면 어떻게 될까요?
여러 가지 나쁜 생각이 꼬리를 물면서 나쁜 행동을 할 수도 있습니다.
그러니 항상 마음속에 선을 간직하여 악을 막아야 합니다.

오늘의 한자	오늘의 활용 표현
善意 선의	선의를 베풀다.

따라 써 보세요!

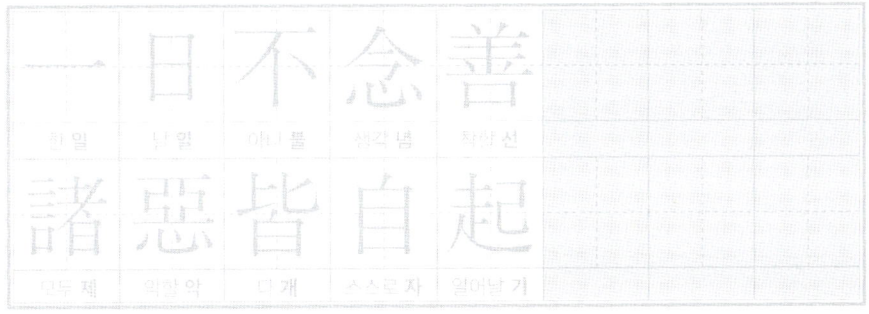

1월 31일 • 불환인지불기지하고 환부지인야라

논어 학이편

남이 나를 알아주지 않을까 걱정하지 말고, 내가 남을 알지 못할까 걱정하라.

우리는 남이 나를 알아주면 좋아하고, 남이 나를 몰라주면 속상해합니다.
하지만 반대로 나는 상대방에 대해 얼마나 관심이 많은지 생각해 보세요.
오늘 하루, 다른 사람에 대해 좀 더 관심을 가져 보면 어떨까요?

오늘의 한자	오늘의 활용 표현
病 患 병환	할아버지의 병환

따라 써 보세요!

2월

2월 1일

부모호아 유이추진

사자소학

부모님이 나를 부르거든 대답하고 얼른 달려가야 한다.

부모님이 여러분 이름을 부르면 어떻게 반응하나요?
부모님이 나를 부르거든 대답하고 얼른 달려가서 왜 부르셨냐고 여쭤 보세요.
부모님이 감동하실 겁니다.

오늘의 한자	오늘의 활용 표현
呼名 호명	호명하는 사람 나와 주세요.

따라 써 보세요!

종과득과요 종두득두니라

• 2월 2일

명심보감 천명편

오이를 심으면 오이를 얻고, 콩을 심으면 콩을 얻는다.

"콩 심은 데 콩 나고, 팥 심은 데 팥 난다"라는 속담이 있습니다.
오늘도 나는 나의 인생밭에 콩을 뿌리고 있습니다.
그리고 그 콩은 나중에 반드시 열매를 맺을 것입니다.

오늘의 한자	오늘의 활용 표현
豆乳 두유	내가 좋아하는 두유

따라 써 보세요!

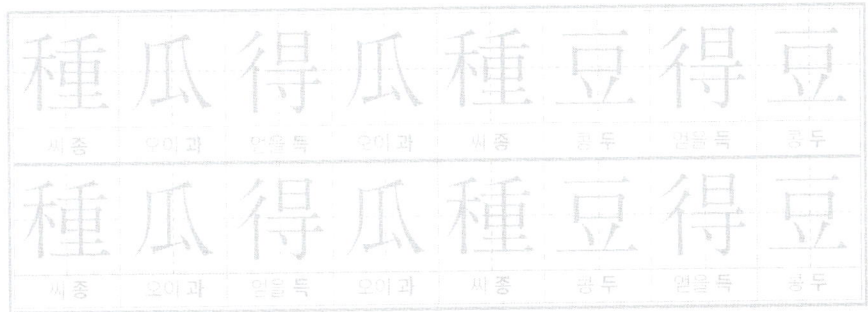

2월 3일 • 노심초사

마음으로 애를 쓰며 속을 태우다.

새학기에 친한 친구와 다른 반이 되지 않을까 걱정하고 있지는 않나요?
사람은 원하는 것이 있으면 '노심초사'하게 되어 있습니다.
여러분의 소망이 꼭 이루어지길 바랍니다.

오늘의 한자	오늘의 활용 표현
 노력	내 노력이 헛되지 않기를!

따라 써 보세요!

입춘

• 2월 4일

立 春
설 입 　 봄 춘

24절기 중 첫 번째 절기.

봄이 시작되는 절기입니다.
하지만 "입춘에 장독 깨진다"라고 할 정도로 아직은 추운 시기입니다.
꽃이 피는 따뜻한 봄날을 상상하면서 행복한 하루 되세요.

오늘의 한자	오늘의 활용 표현
春秋 춘추	할머니 춘추는 75세이다.

따라 써 보세요!

2월 5일 · 입춘대길

입춘을 맞이하여 크게 길하게 한다.

입춘을 맞이하여 대문이나 기둥 등에 써 붙이던 가장 대표적인 글귀가 '입춘대길'입니다.
집안이 잘되길 바랄 뿐 아니라, 나라도 잘되길 바라는 마음을 담았다고 합니다.
여러분의 삶도 입춘대길 하세요.

오늘의 한자	오늘의 활용 표현
吉日 길일	결혼을 위해 길일을 택하다.

따라 써 보세요!

형제유선 필예우외 • 2월 6일

사자소학

형제 간에 착한 일이 있으면 반드시 드러내어 칭찬하라.

동생이나 형이 잘한 일이 있을 때 그 일에 대해 꼭 칭찬해 보세요.
형제 간 우애도 더 깊어질 것입니다.
남의 잘못에는 입을 닫고 잘한 점을 칭찬하는 것이 인생의 지혜입니다.

오늘의 한자	오늘의 활용 표현
兄弟 형제	사이좋은 형제

따라 써 보세요!

2월 7일 · 단도직입

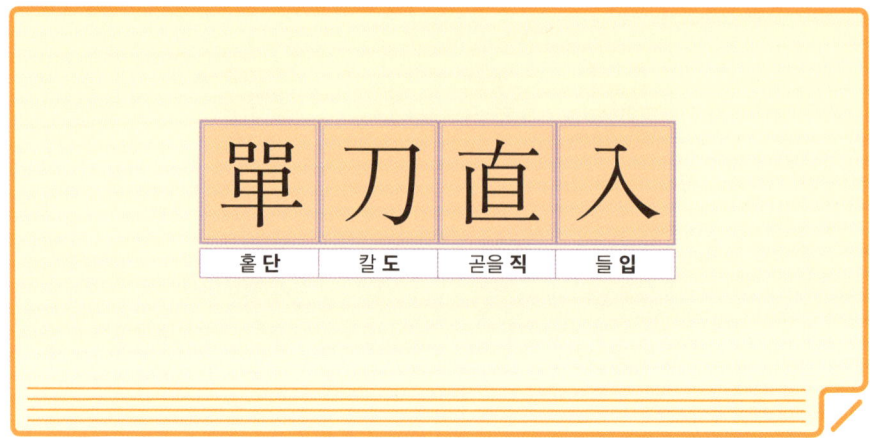

여러 말을 늘어놓지 않고 요점을 바로 말함.

'단도직입'적으로 말하는 것이 좋을 때가 있고,
빙빙 돌려서 말하는 것이 좋을 때도 있습니다.
처지와 상황에 따라 어떻게 말하는 것이 좋을지 생각해 보세요.

오늘의 한자	오늘의 활용 표현
直言 직언	직언도 서슴지 않는 충신

따라 써 보세요!

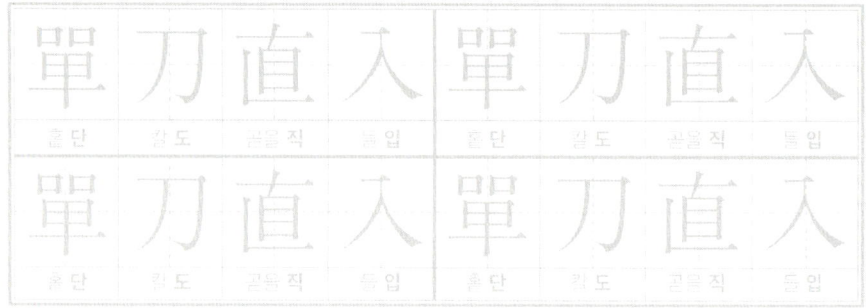

아신불현 욕급부모　　● 2월 8일

사자소학

내 몸이 어질지 못하면 욕이 부모님께 미친다.

내가 잘하면 나도 칭찬을 받지만 부모님도 칭찬을 받습니다. 반대로 내가 잘못하면 나는 물론이고 부모님도 욕을 먹지요. 부모님과 나는 한 몸과 같은 존재입니다.

오늘의 한자	오늘의 활용 표현
辱說 욕설	절대 하지 말아야 할 욕설

따라 써 보세요!

2월 9일 · 악관약만이면 천필주지니라

명심보감 천명편

만약 악한 마음이 가득 차면, 하늘이 반드시 그를 죽일 것이다.

악한 일을 밥 먹듯이 하는 사람이 아무 일 없이 잘 사는 것을 보면 세상은 참 불공평하다는 생각이 듭니다.
하지만 악함이 차고 넘치면 하늘이 그 사람을
가만 두지 않습니다.

오늘의 한자	오늘의 활용 표현
充滿 충만	내 안에 충만한 사랑

따라 써 보세요!

지지위지지하고 불지위불지라

• 2월 10일

논어 위정편

아는 것을 안다고 하고, 모르는 것을 모른다고 한다.

내가 무엇을 알고 무엇을 모르는가를 아는 것이 배움의 출발입니다.
모르는 것도 아는 척하는 사람은 배우기 어렵습니다.
나의 배움의 자세는 어떤지 한번 생각해 보세요.

오늘의 한자	오늘의 활용 표현
知識 지식	나는 공룡에 대한 지식이 많다.

따라 써 보세요!

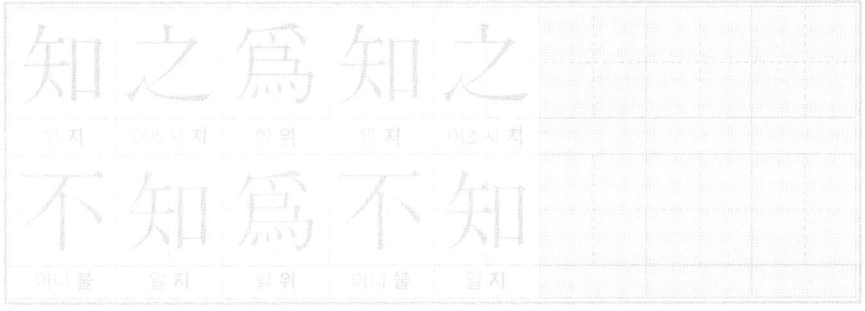

2월 11일 — 형체수이 소수일혈

생김새는 비록 다르나, 본래 한 핏줄을 받았다.

형제끼리 왜 사이좋게 지내야 할까요?
비록 모습은 다르지만 부모님께 한 핏줄을 받았으며,
가지는 다르지만 뿌리가 같은 나무와 같기 때문입니다.
나는 형제들과 어떻게 지내고 있나요?

오늘의 한자	오늘의 활용 표현
形體 형체	부모님의 형체를 닮은 형제

따라 써 보세요!

대기만성

• 2월 12일

大	器	晚	成
큰 대	그릇 기	늦을 만	이룰 성

큰 그릇은 늦게 만들어진다.

작은 그릇은 하룻밤에도 만들 수 있지만,
큰 그릇을 만들려면 몇날 며칠을 애써야 합니다.
사람도 마찬가지입니다.
조급해하지 말고 나에 대한 기대감을 크게 가져 보세요.

오늘의 한자	오늘의 활용 표현
成就 성취	꼭 이루고 싶은 성취 목록

따라 써 보세요!

2월 13일 — 유천하지성위능화라

唯	天	下	至
오직 유	하늘 천	아래 하	지극할 지
誠	爲	能	化
정성 성	할 위	능할 능	될 화

중용 23장

오직 세상에서 지극히 정성을 다하는 사람만이 세상을 변하게 할 수 있다.

세상을 구하고 변화시키는 사람은 작은 일에도 정성을 다하는 사람입니다.
나에게 주어진 작은 일이라도 정성을 다해 보세요.
당신이 세상의 어벤저스입니다.

오늘의 한자
精誠 — 정성

오늘의 활용 표현
정성을 다하는 마음

따라 써 보세요!

唯 天 下 至 誠 爲 能 化
오직 유 / 하늘 천 / 아래 하 / 지극할 지 / 정성 성 / 할 위 / 능할 능 / 될 화

唯 天 下 至 誠 爲 能 化
오직 유 / 하늘 천 / 아래 하 / 지극할 지 / 정성 성 / 할 위 / 능할 능 / 될 화

일립지식 필분이식   • 2월 14일

一 粒 之 食
하나 일 / 쌀알 립 / 어조사 지 / 밥 식

必 分 而 食
반드시 필 / 나눌 분 / 말이을 이 / 먹을 식

사자소학

한 알의 밥알이라도 반드시 나누어 먹어라.
혹시 부모님이 동생하고 사이좋게 나눠 먹으라고 주신 과자를 더 많이 먹으려다가 혼난 적은 없나요? 밥 한 알이라도 주변 사람들과 나눠 먹고자 할 때 세상은 아름다워집니다.

오늘의 한자	오늘의 활용 표현
 食事 식사	맛있는 점심 식사

따라 써 보세요!

2월 15일 — 형제유난 민이사구

사자소학

형제 간에 어려운 일이 있으면 근심하고 구원해 줄 것을 생각하라.

흔히 사람은 서로 돕고 살아야 한다고 말합니다.
형제나 친구에게 어려운 일이 생기면 함께 고민하고 걱정해 주는 사람이 되길 바랍니다.

오늘의 한자	오늘의 활용 표현
救援 구원	나라를 절망에서 구원한 애국자

따라 써 보세요!

동문서답

• 2월 16일

東 問 西 答
동녘 **동** 물을 **문** 서녘 **서** 대답할 **답**

동쪽을 물으니 서쪽을 답한다.

묻는 말에 제대로 답변하지 않고 엉뚱한 말만 하는 사람이 있습니다.
상대방의 질문에 정확히 답하려면 상대방의 말에 귀를 기울여야 합니다.
이것이 좋은 관계의 출발입니다.

오늘의 한자	오늘의 활용 표현
東西 동서	동서를 구분하는 방법

따라 써 보세요!

東問西答　　東問西答
동녘 동 물을 문 서녘 서 대답할 답　　동녘 동 물을 문 서녘 서 대답할 답

東問西答　　東問西答
동녘 동 물을 문 서녘 서 대답할 답　　동녘 동 물을 문 서녘 서 대답할 답

2월 17일 · 동분서주

東 奔 西 走
동녘 동 / 달릴 분 / 서녘 서 / 달릴 주

이리저리 몹시 바쁘게 돌아다님.

동쪽으로 달리고 서쪽으로 달리듯 몹시 바쁘게 살고 있나요?
바쁜 생활 속에서도 잠깐씩 여유를 찾으세요.
여유로움은 생기는 것이 아니라 만드는 것입니다.

오늘의 한자	오늘의 활용 표현
走者 주자	릴레이 경기의 마지막 주자

따라 써 보세요!

형수책아 막감항노 · 2월 18일

형이 비록 나를 꾸짖더라도 감히 대들거나 화내지 말라.

형이나 언니, 오빠나 누나가 나를 꾸짖을 때 나의 태도는 어떤가요?
윗사람은 아랫사람한테 인정받는 것을 중요하게 생각합니다.
그러니 대들거나 화내지 말고 차분하게 말을 건네 보세요.

오늘의 한자	오늘의 활용 표현
反抗 반항	형한테 반항하지 말자.

따라 써 보세요!

2월 19일 · 우수

24절기 중 두 번째 절기.

'눈이 녹아서 비가 된다'는 우수는 추운 겨울이 지나고 봄이 되는 절기입니다. "우수 뒤의 얼음처럼"이라는 속담처럼 겨우내 얼었던 몸과 마음이 스르르 녹아 없어지는 날이 되길 바랍니다.

오늘의 한자	오늘의 활용 표현
雨衣 우의	내가 좋아하는 노란색 우의

따라 써 보세요!

언과우하고 행과회하면 녹재기중의니라 • 2월 20일

논어 위정편

말에 허물이 적고 행동에 후회가 적으면, 출세는 자연히 이루어진다.

사람은 누구나 잘되고 높은 자리에 올라가고 싶어 합니다.
그렇게 되려면 말을 할 때 가려서 하고 후회할 행동을 하지 않아야 합니다.
늘 나의 말과 행동을 살피는 사람이 되길 바랍니다.

오늘의 한자	오늘의 활용 표현
言行 언행	교양 있는 나의 언행

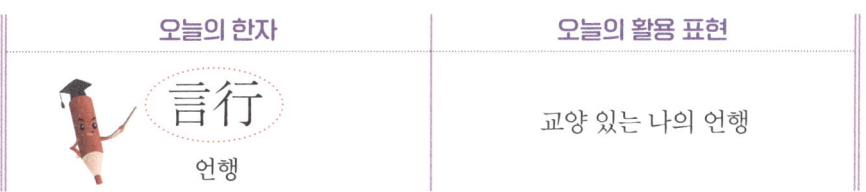

따라 써 보세요!

2월 21일 • 마이동풍

남의 말을 귀담아 듣지 않고 흘려 보냄.

남의 말을 귀담아 듣는 좋은 방법을 알고 있나요?
말하는 사람을 쳐다보는 것입니다.
그것만으로도 상대의 말을 잘 들을 수 있습니다.

오늘의 한자	오늘의 활용 표현
 동풍	봄이 되니 따뜻한 동풍이 분다.

따라 써 보세요!

馬	耳	東	風	馬	耳	東	風
말 마	귀 이	동녘 동	바람 풍	말 마	귀 이	동녘 동	바람 풍
馬	耳	東	風	馬	耳	東	風
말 마	귀 이	동녘 동	바람 풍	말 마	귀 이	동녘 동	바람 풍

제수유과 수물성책

• 2월 22일

弟雖有過
아우 제 / 비록 수 / 있을 유 / 잘못 과
須勿聲責
모름지기 수 / 말 물 / 소리 성 / 꾸짖을 책

사자소학

동생이 비록 잘못이 있더라도, 모름지기 큰 소리로 꾸짖지 말라.

윗사람의 눈높이로 동생을 보면 동생은
어설프고 실수도 많이 하는 것처럼 보입니다.
하지만 어린 시절의 나를 생각하며 너그럽게 대해 주세요.

오늘의 한자	오늘의 활용 표현
質責 질책	부모님의 질책

따라 써 보세요!

弟雖有過須勿聲責
아우 제 / 비록 수 / 있을 유 / 잘못 과 / 모름지기 수 / 말 물 / 소리 성 / 꾸짖을 책

弟雖有過須勿聲責
아우 제 / 비록 수 / 있을 유 / 잘못 과 / 모름지기 수 / 말 물 / 소리 성 / 꾸짖을 책

2월 23일 · 막상막하

莫	上	莫	下
없을 **막**	위 **상**	없을 **막**	아래 **하**

더 낫고 더 못함의 차이가 거의 없다.

혹시 실력이 '막상막하'인 친구가 있나요?
그 친구와 선의의 경쟁을 하면 두 사람 모두 실력이 더 좋아질 겁니다.
서로에게 도움이 되는 좋은 사이입니다.

오늘의 한자	오늘의 활용 표현
上下 상하	상하 관계가 분명한 군대

따라 써 보세요!

莫	上	莫	下	莫	上	莫	下
없을 막	위 상	없을 막	아래 하	없을 막	위 상	없을 막	아래 하
莫	上	莫	下	莫	上	莫	下
없을 막	위 상	없을 막	아래 하	없을 막	위 상	없을 막	아래 하

형제화목 부모희지   • 2월 24일

사자소학

형제가 화목하면 부모님이 기뻐하신다.

형제끼리 싸우면 부모님이 슬퍼하시고,
형제끼리 사이좋게 지내면 부모님이 기뻐하십니다.
형제나 친구와 사이좋게 지내는 것이 부모님의 큰 기쁨임을 꼭 기억하세요.

오늘의 한자	오늘의 활용 표현
和睦 화목	화목한 우리 집

따라 써 보세요!

2월 25일 · 사생이 유명이요 부귀는 재천이라

명심보감 순명편

죽고 사는 것이 하늘의 명령에 있고, 부유함과 귀함은 하늘에 달려 있다.

사람들은 부자가 되고 싶어 하고, 귀한 사람이 되고 싶어 합니다.
하지만 이것은 하늘에 달려 있다고 합니다.
먼저 내 인생이 바르게 가고 있는지 돌아보세요.

오늘의 한자	오늘의 활용 표현
富貴 부귀	부귀한 사람이 되고 싶다.

따라 써 보세요!

명실상부

• 2월 26일

名 實 相 符
이름 명 / 열매 실 / 서로 상 / 부합할 부

이름과 실제가 서로 부합한다.
한 방면에서 명실상부한 최고가 된다면 정말 행복할 겁니다. 꿈꾸고 있는 일을 이루는 멋진 사람이 되길 바랍니다.

오늘의 한자	오늘의 활용 표현
實際 실제	실제는 그렇지 않다.

따라 써 보세요!

名 實 相 符　名 實 相 符
이름 명 / 열매 실 / 서로 상 / 부합할 부　이름 명 / 열매 실 / 서로 상 / 부합할 부

名 實 相 符　名 實 相 符
이름 명 / 열매 실 / 서로 상 / 부합할 부　이름 명 / 열매 실 / 서로 상 / 부합할 부

2월 27일 · 무용지물

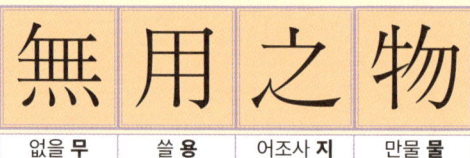

없을 **무** | 쓸 **용** | 어조사 **지** | 만물 **물**

아무 소용없는 물건이나 쓸 데 없는 사람.

아무 쓸모없는 취급을 받는다면 얼마나 슬플까요?
하지만 '무용지물' 같은 존재는 없습니다.
모두에게는 존재의 이유가 있습니다.
나는 귀한 사람입니다.

오늘의 한자	오늘의 활용 표현
用度 용도	용도에 맞게 사용해야 한다.

따라 써 보세요!

無 用 之 物 無 用 之 物
없을 무 쓸 용 어조사 지 만물 물 없을 무 쓸 용 어조사 지 만물 물

無 用 之 物 無 用 之 物
없을 무 쓸 용 어조사 지 만물 물 없을 무 쓸 용 어조사 지 만물 물

견의불위무용야라

• 2월 28일

논어 위정편

옳은 것을 보고 행하지 않는 것은 용기가 없는 것이다.

'용기'란 겁 내지 않고 마땅히 그 일을 하는 씩씩한 마음을 가리킵니다.
반대로 옳은 것을 보고도 피하는 것을 비겁하다고 하지요.
누구보다 용기 있는 사람이 되세요.

오늘의 한자	오늘의 활용 표현
勇氣 용기	어려움에 굴하지 않는 용기

따라 써 보세요!

3월

3월 1일 • 삼일절

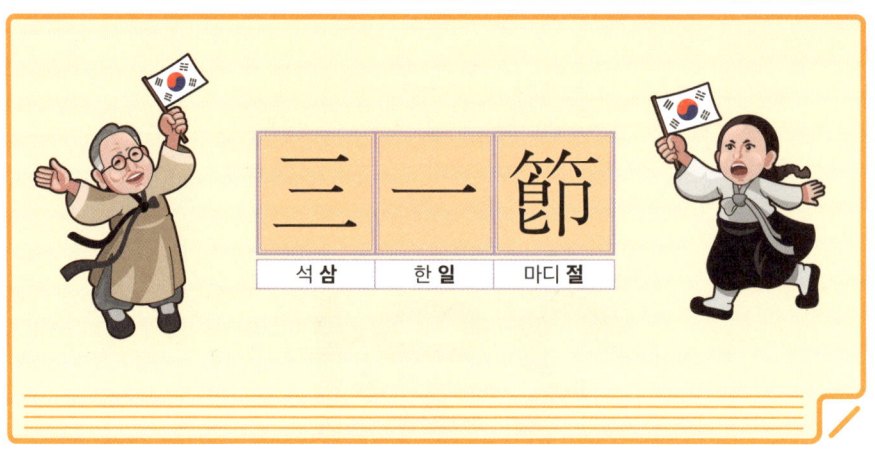

1919년 3월 1일 일본의 식민통치에 항거하여 독립 만세 운동을 시작한 날.

우리나라는 1910년부터 1945년까지 일본의 식민통치를 받았습니다.
이에 항거하여 1919년 3월 1일에 독립선언서를 발표하고 만세운동을 펼치며
우리의 독립 의지를 세계에 알린 날이 삼일절입니다.

오늘의 한자	오늘의 활용 표현
獨立 독립	대한 독립 만세!

따라 써 보세요!

초지일관

• 3월 2일

처음에 세운 뜻을 끝까지 밀고 나감.

새 학년의 첫날입니다. 좋은 뜻을 세웠나요?
그 좋은 뜻을 끝까지 밀고 나가면 반드시 성공적인 학교생활이 될 것입니다.
여러분의 새 학년을 응원합니다.

오늘의 한자	오늘의 활용 표현
一貫性 일관성	일관성 있는 말과 행동

따라 써 보세요!

3월 3일

물위금일불학이유래일이라

명심보감 권학편

오늘 배우지 아니하고서 내일이 있다고 말하지 말라.

열심히 배우지 않은 사람에게 내일은 없습니다.
오늘 배우지 않고 지나가는 것은 평생 배우지 못하고 지나가 버릴 수 있습니다.
오늘 열심히 배우는 사람에게 내일도 있습니다.

오늘의 한자	오늘의 활용 표현
來日 내일	오늘 일을 내일로 미루지 않기

따라 써 보세요!

부명소하면 유이불락이라 • 3월 4일

명심보감 효행편

아버지가 부르시면 곧바로 대답하고 머뭇거리면 안 된다.

부모님이 내 이름을 부를 때는 머뭇거리지 말고 대답한 뒤,
얼른 가서 이유를 여쭙는 것이 자녀의 도리입니다.
나는 부모님이 부를 때 어떻게 하나요?

오늘의 한자	오늘의 활용 표현
召命 소명	나에게 주어진 소명

따라 써 보세요!

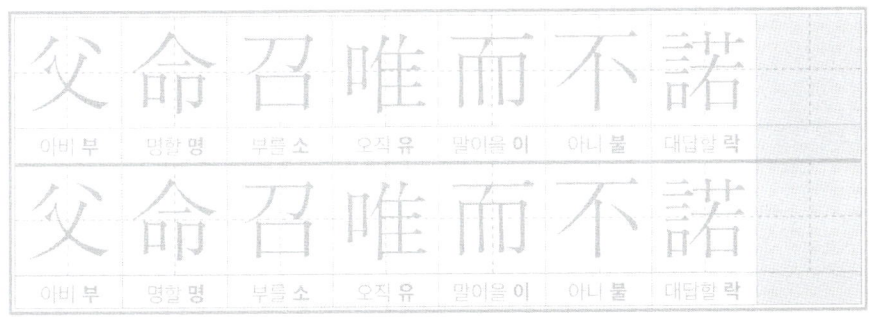

3월 5일 • 경칩

24절기 중 세 번째 절기.

겨울잠을 자던 개구리나 벌레 등이 깨어나 꿈틀거리기 시작하는 절기입니다.
혹시 아직도 겨울잠을 자고 있나요?
새 학년도 시작됐는데 정신을 바짝 차려야 합니다.

오늘의 한자	오늘의 활용 표현
警鐘 경종	위기 상황에 경종을 울리다.

따라 써 보세요!

驚	蟄	驚	蟄	驚	蟄	驚	蟄
놀랄 경	숨을 칩	놀랄 경	숨을 칩	놀랄 경	숨을 칩	놀랄 경	숨을 칩
驚	蟄	驚	蟄	驚	蟄	驚	蟄
놀랄 경	숨을 칩	놀랄 경	숨을 칩	놀랄 경	숨을 칩	놀랄 경	숨을 칩

인지재세 불가무우

● 3월 6일

사자소학

사람이 세상에 살아 있다면 친구가 없을 수 없다.

태어났을 때는 부모님이 가장 소중하지만, 나이를 먹어 갈수록 친구가 소중합니다.
마음이 맞는 친구가 있다면 이 세상 살아가는 것이 외롭지 않습니다.
올해 좋은 친구를 사귀어 보세요.

오늘의 한자	오늘의 활용 표현
親舊 친구	나와 가장 친한 친구

따라 써 보세요!

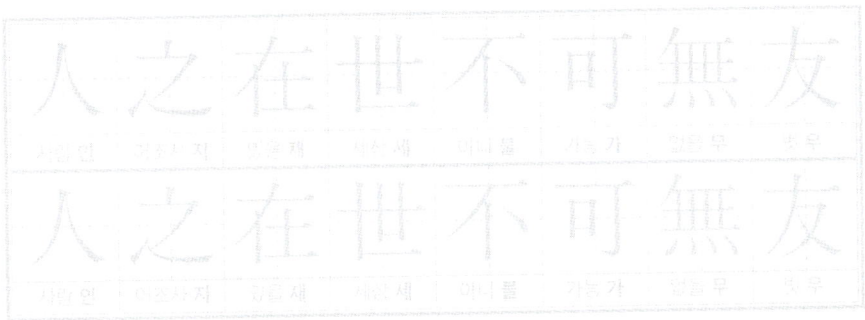

3월 7일 — 배은망덕

背 恩 忘 德
배반할 배 / 은혜 은 / 잊을 망 / 덕 덕

은혜를 배신하고 은덕을 잊음.

다른 사람에게 받은 은혜를 갚기는커녕 배신하고 잊어 버리는 사람이 되어선 안 됩니다.
부모님의 은혜에 감사하고, 새로 만난 선생님과 친구들에게 고마워할 줄 아는 사람이 되길 바랍니다.

오늘의 한자	오늘의 활용 표현
恩德 (은덕)	갚을 길 없는 부모님의 은덕

따라 써 보세요!

背 恩 忘 德　背 恩 忘 德
배반할 배 / 은혜 은 / 잊을 망 / 덕 덕

背 恩 忘 德　背 恩 忘 德
배반할 배 / 은혜 은 / 잊을 망 / 덕 덕

이의온아 이식활아　● 3월 8일

사자소학

옷을 입혀 나를 따뜻하게 해 주시고, 음식을 먹여 나를 키우셨다.

부모님은 나를 매일 입혀 주고 먹여 주는 은혜를 베푸십니다.
결코 당연한 일이 아닙니다.
부모님께 항상 감사하는 마음을 가지세요.

오늘의 한자	오늘의 활용 표현
衣服 의복	의복을 갈아입다.

따라 써 보세요!

079

3월 9일 · 효어친하면 자역효지니라

명심보감 효행편

내가 부모님께 효도하면 자식도 나에게 효도할 것이라.

사람은 가까운 사람의 언행을 본받기 마련입니다.
세상의 이치가 그렇습니다.
그러니 부모님께 효도하는 것은 결국 나를 위한 것입니다.

오늘의 한자	오늘의 활용 표현
子女 자녀	내 자녀는 어떤 아이일까?

따라 써 보세요!

인이불인이면 여례하라 • 3월 10일

논어 팔일편

사람이 되어서 어질지 못한다면, 예의를 지킨들 무엇하겠는가.

예의를 지키는 것은 중요하지만 예의는 겉모습입니다.
사람은 겉보다는 속이 중요합니다.
속으로는 어질지 못하면서 겉치레만 번지르하다면,
예의를 지킨다 한들 제대로 된 사람은 아닐 것입니다.

오늘의 한자	오늘의 활용 표현
禮儀 예의	지켜야 할 예의범절

따라 써 보세요!

3월 11일

침즉련금 식즉동안

寝 잠잘 침 / 即 곧 즉 / 連 잇닿을 련 / 衾 이불 금
食 밥 식 / 即 곧 즉 / 同 한가지 동 / 案 책상 안

사자소학

잠자리에는 이불을 나란히 하고, 음식은 같은 상에서 함께 하라.

가족이 같이 잠자리에 들 때는 이불을 나란히 하고,
음식은 같은 상에서 사이좋게 먹으라는 가르침입니다.
가족이 상에 둘러앉아 오순도순 식사하는 것은 예나 지금이나 작은 행복입니다.

오늘의 한자	오늘의 활용 표현
就寢 취침	나의 취침 시간은 너무 늦다.

따라 써 보세요!

寝 잠잘 침 / 即 곧 즉 / 連 잇닿을 련 / 衾 이불 금 / 食 밥 식 / 即 곧 즉 / 同 한가지 동 / 案 책상 안

寝 잠잘 침 / 即 곧 즉 / 連 잇닿을 련 / 衾 이불 금 / 食 밥 식 / 即 곧 즉 / 同 한가지 동 / 案 책상 안

백년해로

● 3월 12일

百 年 偕 老

일백 **백**　해 **년**　함께 **해**　늙을 **로**

백 년 동안 함께 살면서 늙어감.

부부가 결혼해서 사이좋게 평생을 같이하는 것을 뜻합니다.
부모님들이 '백년해로'하는 것은 모든 자식들의 꿈입니다.

오늘의 한자	오늘의 활용 표현
老人 노인	노인을 배려하다.

따라 써 보세요!

3월 13일 · 조문도면 석사가의라

논어 이인편

아침에 도를 들으면 저녁에 죽어도 좋다.

사람은 누구나 진리(도)를 간절히 바랍니다.
진리는 사람을 자유롭게 합니다.
진리가 무엇인지 진지하게 생각해 보는 건 어떨까요?

오늘의 한자	오늘의 활용 표현
眞理 진리	참되고 바른 진리

따라 써 보세요!

음식친전 물출기성

• 3월 14일

사자소학

부모님 앞에서 음식을 먹을 때는 그릇 소리를 내지 말라.

식사 예절은 매우 중요합니다.
부모님과 식사할 때도 마찬가지입니다.
가까운 사이일수록 예절을 지키는 것이 중요합니다.

오늘의 한자	오늘의 활용 표현
飮食 음식	내가 좋아하는 음식

따라 써 보세요!

3월 15일

우기정인 아역자정

사자소학

그 바른 사람을 벗하면, 나 또한 저절로 바르게 된다.

사람은 가까이 하는 사람을 닮기 마련입니다.
좋은 친구를 사귀면 나도 좋은 사람이 됩니다.
내가 사귀는 친구는 어떤 친구인가요?

오늘의 한자	오늘의 활용 표현
正直 정직	정직한 내 친구

따라 써 보세요!

友	其	正	人	我	亦	自	正
벗 우	그 기	바를 정	사람 인	나 아	또 역	스스로 자	바를 정
友	其	正	人	我	亦	自	正
벗 우	그 기	바를 정	사람 인	나 아	또 역	스스로 자	바를 정

박장대소

• 3월 16일

칠 **박** | 손바닥 **장** | 큰 **대** | 웃을 **소**

손뼉을 치며 크게 웃음.

최근에 손뼉을 치며 크게 웃어 본 적은 언제인가요?
좋은 일이 있어 웃는 게 아니라, 웃으면 좋은 일이 일어납니다.
작은 일에도 감사하며 크게 웃어 보세요.

오늘의 한자	오늘의 활용 표현
微笑  미소	미소가 아름다운 내 친구

따라 써 보세요!

拍掌大笑 拍掌大笑
칠박 손바닥장 큰대 웃을소 | 칠박 손바닥장 큰대 웃을소

拍掌大笑 拍掌大笑
칠박 손바닥장 큰대 웃을소 | 칠박 손바닥장 큰대 웃을소

3월 17일 · 불철주야

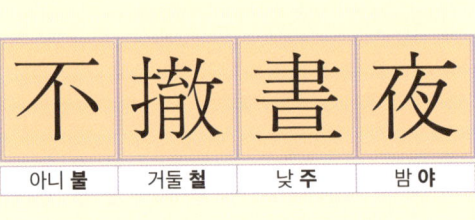

아니 **불** | 거둘 **철** | 낮 **주** | 밤 **야**

밤낮을 가리지 않고 열심히 노력함.

무엇인가를 이루기 위해 밤낮을 가리지 않고
열심히 노력한 적이 있나요?
'불철주야' 노력하면 그 일을 이룰 수 있습니다.
설령 이루지 못하더라도 최선을 다했다면 후회는 없을 것입니다.

오늘의 한자	오늘의 활용 표현
晝夜 주야	주야가 바뀐 삶

따라 써 보세요!

종유사인 아역자사 • 3월 18일

사자소학

간사한 사람을 따라서 놀면, 나 또한 저절로 간사해진다.

바르지 못하고 교활한 태도를 '간사하다'고 합니다.
간사한 사람과 친구가 되면 나 또한 간사한 사람이 됩니다.
그러니 친구를 사귈 때는 신중해야 합니다.

오늘의 한자	오늘의 활용 표현
奸 邪 간사	나를 잘 속이는 간사한 친구

따라 써 보세요!

3월 19일 • 신기불효하면 자하효언이리오

명심보감 효행편

내가 부모님께 불효했는데 자식이 어찌 효도하겠는가.

내가 부모님께 불효하면 내 자녀도 나에게 불효합니다.
나중에 내 자녀가 부모 말을 안 듣는 청개구리처럼 행동한다면 어떨까요?
나중에 후회하지 말고, 지금 부모님께 효도하세요.

오늘의 한자	오늘의 활용 표현
不孝 불효	부모님께 대드는 것은 불효다.

따라 써 보세요!

身	旣	不	孝	子	何	孝	焉
몸 신	이미 기	아니 불	효도 효	아들 자	어찌 하	효도 효	어조사 언
身	旣	不	孝	子	何	孝	焉
몸 신	이미 기	아니 불	효도 효	아들 자	어찌 하	효도 효	어조사 언

사면초가

• 3월 20일

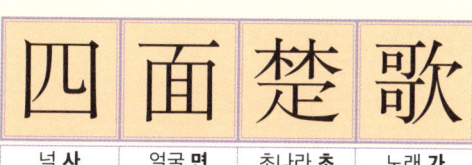

四	面	楚	歌
넉 사	얼굴 면	초나라 초	노래 가

몹시 어려운 일을 당해 아주 곤란한 상황에 빠짐.

혹시 사방이 벽으로 둘러싸인 것 같은
어려운 상황에 빠져 있나요?
하지만 마음만 굳건하다면 좋은 날이 옵니다.
하늘이 무너져도 솟아날 구멍은 있는 법입니다.

오늘의 한자	오늘의 활용 표현
四面 사면	사면이 모두 막힌 상황

따라 써 보세요!

四	面	楚	歌	四	面	楚	歌
넉 사	얼굴 면	초나라 초	노래 가	넉 사	얼굴 면	초나라 초	노래 가
四	面	楚	歌	四	面	楚	歌
넉 사	얼굴 면	초나라 초	노래 가	넉 사	얼굴 면	초나라 초	노래 가

3월 21일 • 춘분

春 (봄 춘) 分 (나눌 분)

24절기 중 네 번째 절기.
낮과 밤의 길이가 같고 추위와 더위가 같은 절기입니다.
춘분 이후에는 낮의 길이가 점점 길어지고 따뜻해지면서 활동하기 좋은 계절이 옵니다.
희망이 가득한 날입니다.

오늘의 한자	오늘의 활용 표현
春季 춘계	곧 춘계 운동회가 열린다.

따라 써 보세요!

주경야독 하례춘시　　　● 3월 22일

사자소학

낮에는 밭을 갈고 밤에는 글을 읽고, 여름에는 예(禮)를 봄에는 시를 배운다.
배움을 좋아하는 사람은 시간을 가리지 않고 틈만 나면 열심히 공부합니다.
밤이든 낮이든 겨울이든 여름이든 어려운 환경 탓을 하지 않습니다.
지금 나는 어떤가요?

오늘의 한자	오늘의 활용 표현
深夜 심야	심야 상영 영화를 봤다.

따라 써 보세요!

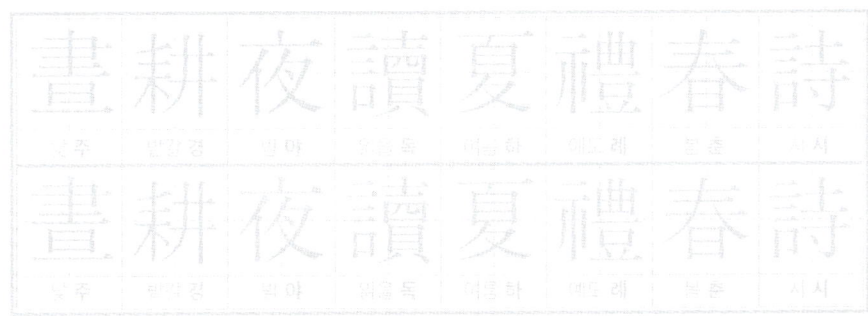

3월 23일 · 사상누각

모래 위에 세워진 누각.

'사상누각'은 기초가 튼튼하지 못하기 때문에 오래 가지 못합니다.
공부할 때도 기초를 잘 다져야 합니다.
기본이 되는 개념, 원리 등을 꼼꼼하게 공부해야 그 위에 더 큰 공부를 쌓아올릴 수 있습니다.

오늘의 한자	오늘의 활용 표현
樓閣 누각	바위 위에 멋지게 세워진 누각

따라 써 보세요!

언행상위 욕급우선

• 3월 24일

사자소학

말과 행동이 서로 다르면, 그 욕이 조상에게 미친다.

가끔 나의 잘못으로 부모님이 욕을 먹는 경우가 있습니다.
반대로 내가 잘하면 부모님도 칭찬을 받습니다.
그러니 말과 행동을 항상 조심해야 합니다.

오늘의 한자	오늘의 활용 표현
相互 상호	상호 간의 관계

따라 써 보세요!

3월 25일 · 견인지선이심기지선하라

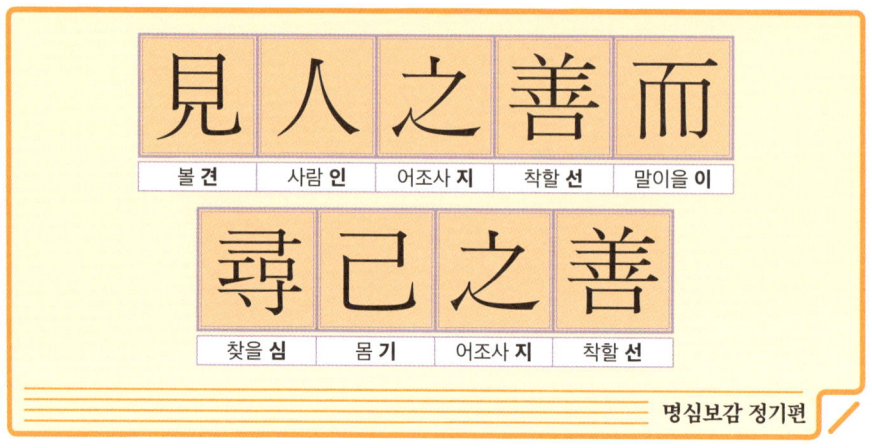

명심보감 정기편

다른 사람의 착함을 보면 나도 착함이 있나 살펴라.

다른 사람의 좋은 점을 배우고 본받을 줄 아는 사람은 크게 발전합니다.
다른 사람의 악함이 아닌 착함을 보고 배우세요.
인생이 아름다워질 것입니다.

오늘의 한자	오늘의 활용 표현
自己 자기	자기 자신에게 떳떳한 사람

따라 써 보세요!

설상가상

• 3월 26일

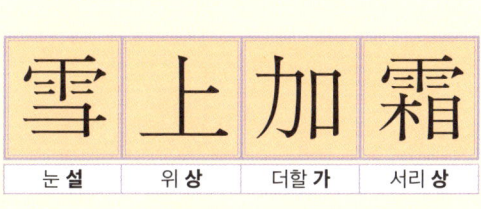

雪	上	加	霜
눈 **설**	위 **상**	더할 **가**	서리 **상**

좋지 않은 일이 연거푸 일어난다.

혹시 눈 위에 서리가 내리듯 좋지 않은 일이 연거푸 일어나고 있나요?
조금만 견디세요. 이 또한 지나갑니다.
곧 좋은 날이 옵니다.

오늘의 한자	오늘의 활용 표현
添加 첨가	싱거워서 소금을 첨가했다.

따라 써 보세요!

雪	上	加	霜	雪	上	加	霜
눈설	위상	더할가	서리상	눈설	위상	더할가	서리상
雪	上	加	霜	雪	上	加	霜
눈설	위상	더할가	서리상	눈설	위상	더할가	서리상

3월 27일 · 속수무책

묶을 속 / 손 수 / 없을 무 / 계책 책

손이 묶인 것처럼 어쩔 도리 없이 꼼짝 못함.

'속수무책'으로 당하고 있는 일이 있나요?
일상에서 일어나는 많은 일이 나의 의지와는
관계없이 일어납니다. 나에게만 그런 것도 아니고요.
그러니 좌절하지 마세요.

오늘의 한자	오늘의 활용 표현
束縛 속박	속박에서 벗어나다.

따라 써 보세요!

束手無策　束手無策
묶을 속　손 수　없을 무　계책 책　묶을 속　손 수　없을 무　계책 책

束手無策　束手無策
묶을 속　손 수　없을 무　계책 책　묶을 속　손 수　없을 무　계책 책

군자무종식지간위인이라　　3월 28일

논어 이인편

군자는 밥 먹는 순간에도 인을 어기지 말아야 한다.
짧은 순간이라도 한번 마음이 풀리면 다잡기 어렵습니다.
오늘 흐트러짐이 없는 군자 같은 하루를 살아 보세요.
쉽진 않지만 마음먹기에 따라 달라집니다.

오늘의 한자	오늘의 활용 표현
終熄 종식	전쟁이 종식되다.

따라 써 보세요!

3월 29일 · 견인지악이심기지악이니라

다른 사람의 악함을 보면 나도 악함이 있나 살펴라.

악한 사람은 하늘의 벌을 받는다고 했습니다.
다른 사람의 악함을 보면 내 안에도 비슷한 악함이 있는지 살피고 바로 잡아야 합니다.

오늘의 한자	오늘의 활용 표현
見學 견학	방송국에 견학 가다.

따라 써 보세요!

시시비비 • 3월 30일

是 是 非 非
옳을 시　옳을 시　그를 비　그를 비

옳은 것을 옳다고 하고, 그른 것을 그르다고 함.

옳은 것과 그른 것을 따지고 분명히 하는 것은 좋은 태도입니다.
하지만 친구와의 관계에서 너무 따지면 피곤해집니다.
시비를 따지되, 자신이 조금 손해 본다고 생각하면 마음이 편해집니다.

오늘의 한자	오늘의 활용 표현
是非 시비	시비 좀 걸지 마!

따라 써 보세요!

3월 31일 • 십중팔구

열 가운데 여덟이나 아홉.

열 중 여덟이나 아홉이니 거의 대부분입니다.
여러분의 3월은 어땠나요? 새 학년에 적응하느라 '십중팔구' 힘들었겠지요?
하지만 곧 모든 것이 편안해질 겁니다.

오늘의 한자	오늘의 활용 표현
的 中 적중	과녁에 적중된 화살

따라 써 보세요!

4월

4월 1일 — 양자택일

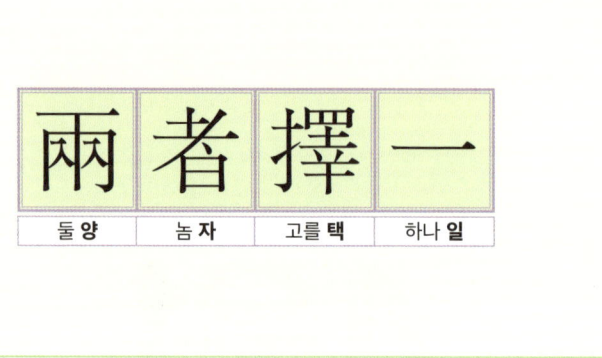

兩 者 擇 一
둘 양 / 놈 자 / 고를 택 / 하나 일

두 가지 가운데서 한 가지를 선택함.

인생은 선택의 연속이라 해도 틀린 말이 아닙니다.
미래는 지금 나의 선택으로 달라집니다.
선택은 자유지만 선택의 책임은 나 자신에게 있습니다.

오늘의 한자	오늘의 활용 표현
選擇 선택	내가 선택한 일

따라 써 보세요!

兩	者	擇	一	兩	者	擇	一
둘 양	놈 자	고를 택	하나 일	둘 양	놈 자	고를 택	하나 일
兩	者	擇	一	兩	者	擇	一
둘 양	놈 자	고를 택	하나 일	둘 양	놈 자	고를 택	하나 일

문인지방이라도 미상노하라　　• 4월 2일

명심보감 정기편

남의 비난을 듣더라도 성급히 화내지 말라.

사람은 누구나 남에게 비난을 들으면 화를 내기 마련입니다.
많이 내느냐 적게 내느냐의 차이가 있을 뿐입니다.
하지만 남의 비판에 지나치게 화를 내는 것은 자기 발전을 방해합니다.

오늘의 한자	오늘의 활용 표현
誹謗 비방	참기 힘든 친구의 비방

따라 써 보세요!

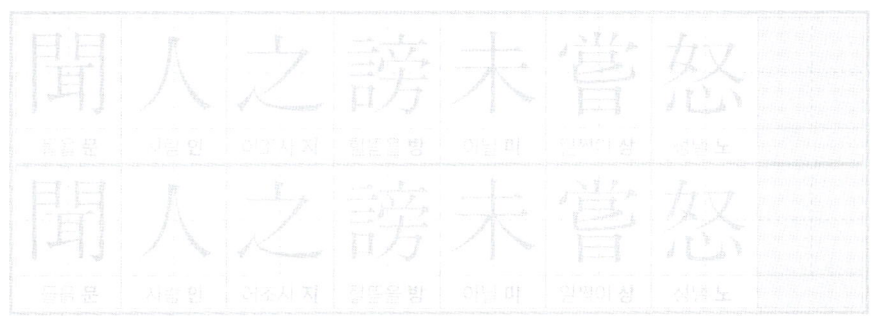

4월 3일 • 어부지리

漁 父 之 利
고기 잡을 **어**　아비 **부**　어조사 **지**　이로울 **리**

두 사람이 싸우다 엉뚱한 사람이 이익을 얻음.

도요새가 조개를 물었는데 조개도 도요새를 물고 놓아 주지 않아서 어부가 도요새와 조개를 모두 얻었다는 '어부지리' 이야기.
남과 싸우면 엉뚱한 사람이 이득을 보게 되어 있습니다.

오늘의 한자	오늘의 활용 표현
漁父 어부	물고기를 잡는 어부

따라 써 보세요!

문인지예라도 미상희하라

• 4월 4일

명심보감 정기편

남의 칭찬을 듣더라도 성급히 기뻐하지 말라.

남의 칭찬이나 인정에 목말라 있다면 좋은 신호는 아닙니다.
남의 시선보다 더 중요한 것은 내가 나를 어떻게 바라보고 있느냐입니다.

오늘의 한자	오늘의 활용 표현
喜悅 희열	승리에 희열하는 국가대표팀

따라 써 보세요!

4월 5일 · 청명

24절기 중 다섯 번째 절기.

하늘이 점점 맑아진다는 절기입니다.
이 시기에 농촌에서는 본격적으로 밭갈이를 시작하며 한 해 농사가 시작됩니다.
1년 중 나무 심기 가장 좋은 절기로도 유명합니다.

오늘의 한자	오늘의 활용 표현
清明 청명	청명한 날씨

따라 써 보세요!

능지능행 총시사공 • 4월 6일

사자소학

능히 알고 능히 행하는 것이 스승의 은혜 아님이 없느니라.

내가 무엇인가를 알게 되고 올바르게 행할 줄 알게 된 것은
누군가 나에게 가르침을 주었기 때문입니다.
나를 가르친 선생님들이 없었다면 어떻게 되었을까요?
그 은혜에 감사하는 하루가 되기 바랍니다.

오늘의 한자	오늘의 활용 표현
總點 총점	시험 총점은 390점이다.

따라 써 보세요!

4월 7일 · 어불성설

語	不	成	說
말씀 어	아니 불	이룰 성	말씀 설

말의 이치가 맞지 않음.

"호랑이는 가죽 때문에 죽고, 사람은 혀 때문에 죽는다"는 속담이 있습니다.
내가 뱉는 말이 곧 '나'입니다.
오늘 내 입에서 나가는 말에 신중하세요.

오늘의 한자	오늘의 활용 표현
演說 연설	아주 감동적인 연설

따라 써 보세요!

우기정인 아역자정   • 4월 8일

사자소학

바른 사람을 벗하면, 나 또한 바르게 된다.

꽃향기 나는 곳에 오래 머물다 보면 내 몸에서 꽃향기가 납니다.
좋은 친구와 오래 벗하다 보면 자신도 모르게 좋은 사람이 되기 마련입니다.
나에게 이런 좋은 친구가 있나요?

오늘의 한자	오늘의 활용 표현
亦是 역시	역시 네가 최고야!

따라 써 보세요!

4월 9일 • 무용지변과 불급지찰은 기하라

명심보감 정기편

쓸데없는 말과 급하지 않은 일은 버려라.

쓸데없는 말과 급하지 않은 일은 쓰레기처럼 버려야 합니다.
특히 중요하지도 급하지도 않은 일만 하다가 하루가 간다면 후회가 남습니다.
내가 당장 버려야 할 급하지 않은 일은 무엇인가요?

오늘의 한자	오늘의 활용 표현
觀察 관찰	사물을 잘 관찰해야 한다.

따라 써 보세요!

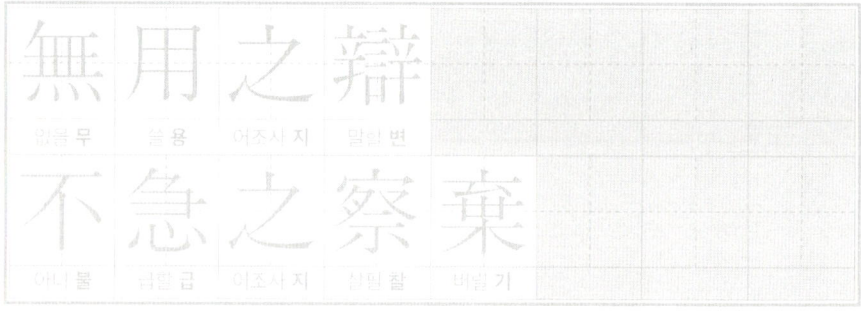

불환막기지하고 구위가지야라 • 4월 10일

논어 이인편

**나를 알아주는 사람이 없음을 걱정하지 않고,
남이 나를 알아줄 만하게 되기를 구하라.**

사람들은 남이 나를 알아주지 않으면 걱정하거나 화를 내곤 합니다.
하지만 남이 나를 알아줄 만한 존재가 되기 위해 노력하는 것이 우선입니다.
알아줄 만한 때가 되면 애쓰지 않아도 이름을 떨치게 됩니다.

오늘의 한자	오늘의 활용 표현
可能 가능	그건 가능한 일이야.

따라 써 보세요!

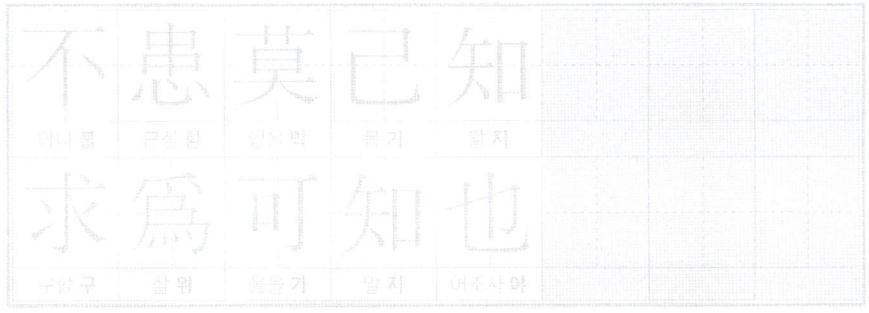

4월 11일 · 주객전도

主 客 顚 倒
주인 주 / 손님 객 / 뒤집힐 전 / 뒤집힐 도

주인과 손님의 위치가 서로 뒤바뀜.

친구가 우리 집에 와서 집주인처럼 행동할 때 쓸 수 있는 표현입니다.
뿐만 아니라 앞뒤나 경중이 바뀐 것을 표현할 때도 많이 사용합니다.

오늘의 한자	오늘의 활용 표현
顚覆 전복	차량 전복 사고

따라 써 보세요!

主	客	顚	倒	主	客	顚	倒
주인 주	손님 객	뒤집힐 전	뒤집힐 도	주인 주	손님 객	뒤집힐 전	뒤집힐 도
主	客	顚	倒	主	客	顚	倒
주인 주	손님 객	뒤집힐 전	뒤집힐 도	주인 주	손님 객	뒤집힐 전	뒤집힐 도

언중유골　　　　　　　　　　● 4월 12일

말 속에 뼈가 있다.

예사로운 말 속에 단단한 속뜻이 들어 있을 때 쓰는 말입니다.
주변 사람이 나에게 뼈 있는 말을 할 때는 기분 나쁘다고만 생각하지 말고,
잘 새겨듣는 태도도 필요합니다.

오늘의 한자	오늘의 활용 표현
骨 格 골격	골격이 튼튼한 우리 아빠

따라 써 보세요!

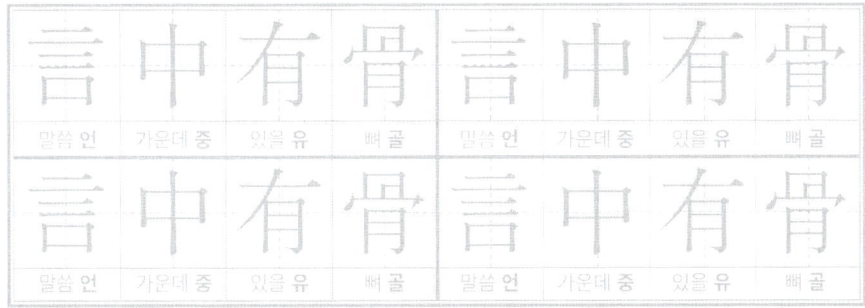

4월 13일 — 앙불괴어천 부부작어인

> 맹자 진심편

하늘을 우러러 부끄러움이 없고, 땅을 굽어 보아도 부끄러울 것이 없다.

하늘을 우러러 한 점 부끄러움이 없이 살았다고 고백할 수 있는 인생은 그리 많지 않습니다. 나는 하늘을 우러러 부끄러움이 없는 인생을 살아가고 있나요?

오늘의 한자	오늘의 활용 표현
推仰 추앙	모두가 추앙하는 이순신 장군

따라 써 보세요!

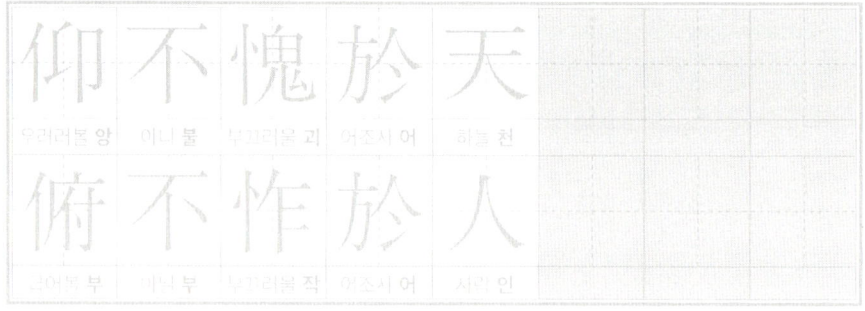

택이교지 유소보익　　　　4월 14일

사자소학

친구를 가려서 사귀면 도움과 유익함이 있다.

친구는 잘 사귀어야 합니다.
좋은 친구를 사귀는 것도 중요하지만,
나도 누군가에게 좋은 친구가 되어 줄 수 있어야 합니다.

오늘의 한자	오늘의 활용 표현
選擇 선택	친구를 선택할 때 어떻게 해야 할까?

따라 써 보세요!

4월 15일 — 불택이교 반유해의

아니 **불** / 가릴 **택** / 말이을 **이** / 사귈 **교**
되돌릴 **반** / 있을 **유** / 해칠 **해** / 어조사 **의**

— 사자소학

친구를 가리지 않고 사귀면 도리어 해가 있다.

친구가 없다고 아무나 사귀면 차라리 친구가 없느니만 못합니다.
유익은커녕 도리어 해가 되는 친구라면 만나지 않는 게 좋습니다.
친구를 보면 내가 보입니다.

오늘의 한자	오늘의 활용 표현
有害 유해	유해한 음식은 먹지 말자.

따라 써 보세요!

不	擇	而	交	反	有	害	矣
아니 불	가릴 택	말이을 이	사귈 교	되돌릴 반	있을 유	해칠 해	어조사 의
不	擇	而	交	反	有	害	矣
아니 불	가릴 택	말이을 이	사귈 교	되돌릴 반	있을 유	해칠 해	어조사 의

역지사지

• 4월 16일

易	地	思	之
바꿀 역	처지 지	생각할 사	갈 지

남과 처지를 바꾸어 생각한다.

사람이 하기 어려운 것 중의 하나가 입장 바꿔 생각하는 것입니다.
남과 처지를 바꿔서 생각할 줄 아는 사람은 남과 싸울 일이 없습니다.
오늘 하루 '역지사지'를 실천해 보세요. 세상이 좀 더 아름다워질 것입니다.

오늘의 한자	오늘의 활용 표현
思索 사색	사색하기를 좋아하는 친구

따라 써 보세요!

易	地	思	之	易	地	思	之
바꿀 역	처지 지	생각할 사	갈 지	바꿀 역	처지 지	생각할 사	갈 지
易	地	思	之	易	地	思	之
바꿀 역	처지 지	생각할 사	갈 지	바꿀 역	처지 지	생각할 사	갈 지

4월 17일 · 온고지신

옛것을 제대로 익힌 후에 새것을 받아들인다.

공부 잘하려면 복습을 잘해야 합니다.
이미 배운 것을 잘 알아야 새로 배우는 내용을 잘 이해할 수 있습니다.
나는 복습을 잘하고 있나요?

오늘의 한자	오늘의 활용 표현
故人 고인	고인의 명복을 빌다.

따라 써 보세요!

温故知新 温故知新
익힐온 옛고 알지 새신 익힐온 옛고 알지 새신

温故知新 温故知新
익힐온 옛고 알지 새신 익힐온 옛고 알지 새신

붕우유과 충고선도   4월 18일

사자소학

친구가 잘못이 있거든 충고하여 선으로 이끌어라.

친구가 잘못된 길로 갈 때 바른 길을 알려주고 선으로 이끌어 주는 것이 진정한 친구입니다. 그 친구가 충고를 싫어한다고 해서 오히려 내가 친구의 길로 끌려가면 절대 안 됩니다.

오늘의 한자	오늘의 활용 표현
忠告 충고	친구의 진심 어린 충고

따라 써 보세요!

4월 19일

지족가락이오 무탐즉우니라

知 足 可 樂
알 지 족할 족 가히 가 즐거울 락

務 貪 則 憂
힘쓸 무 탐할 탐 곧 즉 근심 우

명심보감 안분편

만족할 줄 알면 즐거울 것이요, 욕심 부리기를 힘쓰면 근심스럽다.

절대 채울 수 없는 것이 사람의 욕심입니다. 욕심을 부리는 순간 사람은 불행해집니다. 자기가 가진 것에 만족하고 감사하는 마음이 행복해지는 지름길입니다.

오늘의 한자	오늘의 활용 표현
滿足 만족	만족스러운 나의 삶

따라 써 보세요!

知 足 可 樂 務 貪 則 憂
알 지 족할 족 가히 가 즐거울 락 힘쓸 무 탐할 탐 곧 즉 근심 우

知 足 可 樂 務 貪 則 憂
알 지 족할 족 가히 가 즐거울 락 힘쓸 무 탐할 탐 곧 즉 근심 우

곡우

• 4월 20일

24절기 중 여섯 번째 절기.
곡식을 기름지게 하는 비가 내린다는 절기입니다.
농촌에서는 벼농사를 위해 못자리를 만들기 시작하는 시기입니다.
"곡우에는 모든 곡물들이 잠을 깬다"라는 속담도 있습니다.

오늘의 한자	오늘의 활용 표현
穀食 곡식	올해는 곡식이 잘 여물었다.

따라 써 보세요!

4월 21일 우왕좌왕

이리저리 왔다 갔다 하며 갈피를 잡지 못함.

이럴까 저럴까 갈피를 잡지 못하고 우왕좌왕하는 일이 있나요?
결심을 하기 전까지는 정말 괴롭습니다.
하지만 결심을 했다면 좋은 선택이라 믿고 나아가십시오.

오늘의 한자	오늘의 활용 표현
左右 좌우	좌우도 구분 못하는 동생

따라 써 보세요!

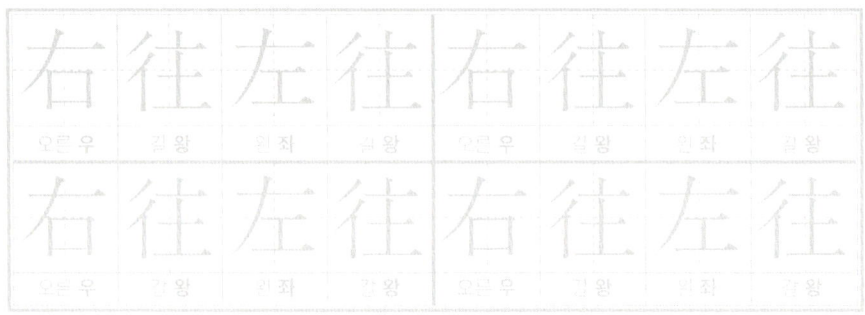

견선종지 지과필개　　　● 4월 22일

사자소학

착한 것을 보면 따르고, 잘못을 알면 반드시 고쳐라.

당연한 말 같지만 많은 사람들이 반대로 행동하곤 합니다.
나는 착함을 보면 따르고 싶어 하는가? 나는 잘못을 알면 고치려고 하는가?
곰곰이 생각해 보길 바랍니다.

오늘의 한자	오늘의 활용 표현
過誤 과오	지난날의 과오

따라 써 보세요!

4월 23일 · **유유상종**

비슷한 사람끼리 서로 모이고 어울림.

사람은 끼리끼리 모이게 되어 있습니다.
비슷한 사람이라야 말이 통하고 재미도 있는 법입니다.
자신이 어떤 사람인지 궁금하다면 자신이 어울리는 주변 사람들을 보십시오.
그 사람들의 모습이 내 모습입니다.

오늘의 한자	오늘의 활용 표현
相從 상종	상종하고 싶지 않은 친구

따라 써 보세요!

선생시교 제자시칙　　● 4월 24일

사자소학

선생님이 가르침을 베풀거든 제자는 이것을 본받아라.

나에게 좋은 가르침을 베풀어 주는 사람은 선생님과 부모님입니다.
그분들의 가르침을 한 귀로 듣고 흘려 보내지 말고 가슴에 새기고 실천해 보세요.
정말 멋지고 훌륭한 인생을 살게 될 것입니다.

오늘의 한자	오늘의 활용 표현
弟子 (제자)	스승의 뜻을 받드는 제자

따라 써 보세요!

4월 25일 • 지족자는 빈천역락이라

명심보감 안분편

만족할 줄 아는 사람은 가난하고 천하여도 즐겁다.

욕심을 버리고 만족할 줄 아는 사람은 어떤 상황에 처해도 즐겁고 행복합니다.
내 처지와 형편에 매일 불평만 늘어놓고 있지는 않나요?
만족하는 법을 배우면 하루하루가 즐거워집니다.

오늘의 한자	오늘의 활용 표현
貴賤 귀천	사람은 귀천이 따로 없다.

따라 써 보세요!

유구무언

• 4월 26일

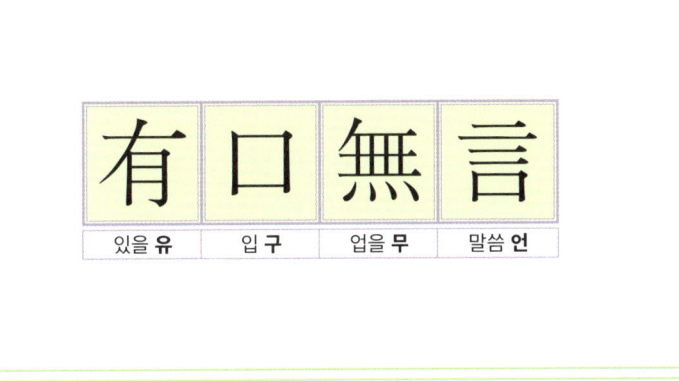

입이 있으나 할 말이 없음.

부모님께 혼날 때 할 말이 없는 경우가 많습니다.
부모님의 말씀이 하나도 틀리지 않으니까요.
그럴 때는 "죄송합니다. 다음부터는 잘할게요"라고 말하면 어떨까요?

오늘의 한자	오늘의 활용 표현
口述 구술	영어 구술 테스트

따라 써 보세요!

4월 27일

이심전심

말로 하지 않아도 마음이 서로 통한다.

'이심전심'은 '텔레파시가 통한다'라는 말과 뜻이 비슷합니다.
여러분은 말로 하지 않아도 마음이 서로 통하는 친구나 가족이 있나요?
있다면 행복한 사람입니다.

오늘의 한자	오늘의 활용 표현
傳達 전달	내 마음을 전달하다.

따라 써 보세요!

군자유어의 소인유어리　　● 4월 28일

논어 이인편

군자는 정의에 밝고, 소인은 이익에 밝다.

소인은 어떤 일을 대할 때 그 일이 나에게 이익이 되는지 손해가 되는지를 따집니다.
하지만 군자는 그 일이 옳은 일인지 그른 일인지를 따집니다.
나는 군자입니까, 아니면 소인입니까?

오늘의 한자	오늘의 활용 표현
小人 소인	나만 아는 소인

따라 써 보세요!

4월 29일 — 부지족자는 부귀역우니라

명심보감 안분편

만족할 줄 모르는 사람은 부유하고 귀해도 근심스럽다.

만족할 줄 모르는 사람은 끊임없이 불평거리를 찾습니다.
내가 가진 것이 충분한데도 남보다 더 갖지 못해서 억울하고 슬퍼합니다.
만족하고 감사해 보세요. 행복해집니다.

오늘의 한자	오늘의 활용 표현
憂患 우환	끊임없이 찾아오는 우환

따라 써 보세요!

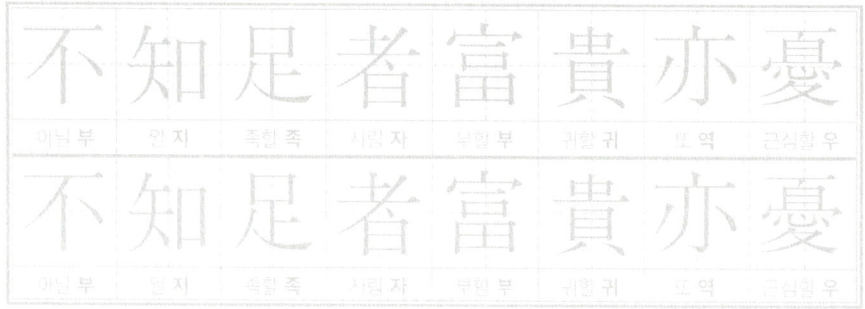

일석이조

• 4월 30일

돌 하나로 두 마리 새를 잡는다.

새를 잡으려고 돌 하나를 던졌는데 두 마리나 잡는다면 어떨까요?
정말 기분 좋은 행운이 아닐까요?
매일 이런 행운을 기대할 수는 없겠지만 오늘은
'일석이조' 같은 일이 일어나면 좋겠네요.

오늘의 한자	오늘의 활용 표현
鳥類 조류	박쥐는 조류일까? 포유류일까?

따라 써 보세요!

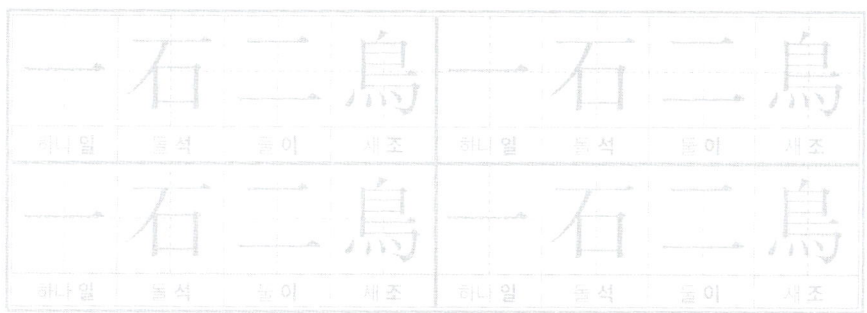

5월

5월 1일   일사천리

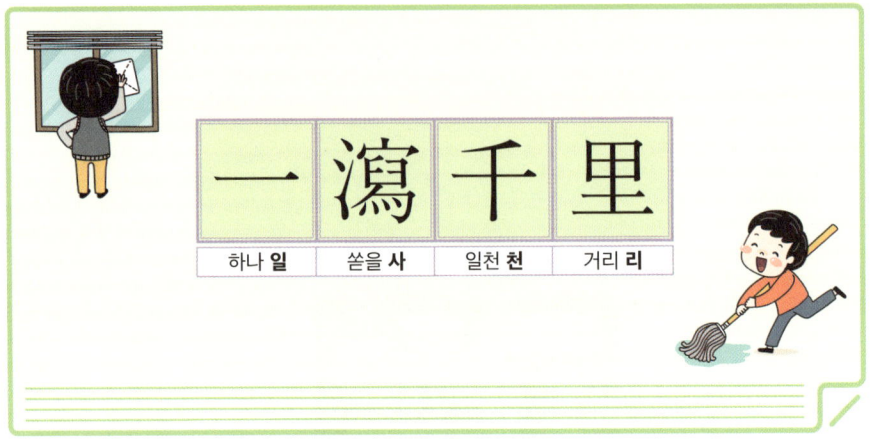

한 번 쏟아진 물이 천 리를 흐른다.

거침없이 흐르는 물줄기처럼 어떤 일이 거침없이 빠르게 진행되는 것을
'일사천리'라 합니다.
한번 시작한 일은 미적거리지 말고 일사천리로 마치는 것이 좋습니다.

오늘의 한자	오늘의 활용 표현
千里 천리	하루에 천 리를 달리는 천리마

따라 써 보세요!

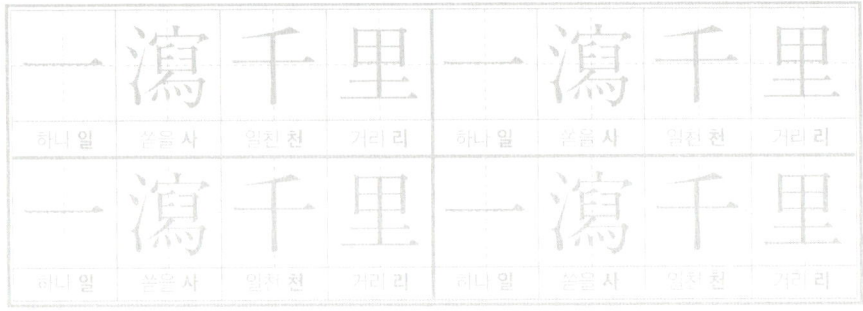

단당이책인지심으로 책기하라　　5월 2일

명심보감 존심편

마땅히 남을 꾸짖는 마음으로 자신을 꾸짖어라.

남의 잘못에는 너그럽고 자신의 잘못에는 엄격하다면 정말 훌륭한 사람입니다.
대부분의 사람은 자신의 잘못에 대해서는 한없이 관대합니다.
나는 나 자신에게 얼마나 엄격한가요?

오늘의 한자	오늘의 활용 표현
當然　당연	당연히 해야 할 행동

따라 써 보세요!

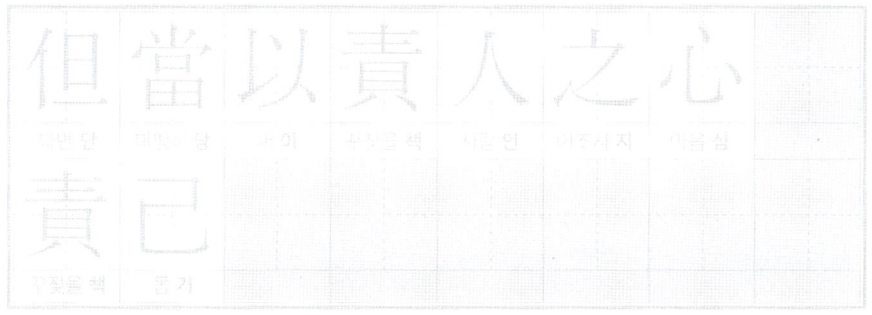

5월 3일 ─ 서기지심으로 서인하라

恕 己 之 心 恕 人
용서할 서 / 몸 기 / 어조사 지 / 마음 심 / 용서할 서 / 사람 인

명심보감 존심편

자신을 용서하는 마음으로 남을 용서하라.

나 자신을 용서하는 마음으로 남을 용서한다면 모든 사람과 친구가 될 수 있습니다. 그래야 다른 사람과 좋은 관계를 맺을 수 있습니다.

오늘의 한자
容恕
용서

오늘의 활용 표현
부모님께 용서를 빌다.

따라 써 보세요!

恕	己	之	心	恕	人
용서할 서	몸 기	어조사 지	마음 심	용서할 서	사람 인
恕	己	之	心	恕	人
용서할 서	몸 기	어조사 지	마음 심	용서할 서	사람 인

일취월장

• 5월 4일

日	就	月	將
날 **일**	이룰 **취**	달 **월**	나아갈 **장**

매일 이루고 매월 나아간다.

나날이 발전해 가는 모습을 가리켜 '일취월장'이라고 합니다.
여러분은 올해 어느 부분에서 일취월장하고 있나요?
어제의 나보다 오늘의 내 모습이 조금은 더 나아지려 노력하는 사람은
정말 멋진 사람입니다.

오늘의 한자	오늘의 활용 표현
成就 성취	소원을 성취하다.

따라 써 보세요!

日	就	月	將	日	就	月	將
날 일	이룰 취	달 월	나아갈 장	날 일	이룰 취	달 월	나아갈 장
日	就	月	將	日	就	月	將
날 일	이룰 취	달 월	나아갈 장	날 일	이룰 취	달 월	나아갈 장

5월 5일 · 입하

24절기 중 일곱 번째 절기.

어린이날이기도 한 '입하'는 봄이 끝나가고 서서히 여름으로 들어서는 절기입니다.
농촌에서는 보리가 익어 가고 개구리가 울기 시작합니다.
계절의 여왕인 5월에 여러분의 마음도 여왕이 되세요!

오늘의 한자	오늘의 활용 표현
初夏 초하	더위가 시작되는 초하

따라 써 보세요!

숙흥야매 물라독서

• 5월 6일

사자소학

일찍 일어나고 밤늦게 자면서 책 읽기를 게을리하지 말라.

공부는 게으름과의 끝없는 싸움입니다.
일찍 일어나서 밤늦게까지 책을 읽고 공부하는 것은 분명 힘듭니다.
하지만 힘든 일이기에 가치가 있습니다.

오늘의 한자	오늘의 활용 표현
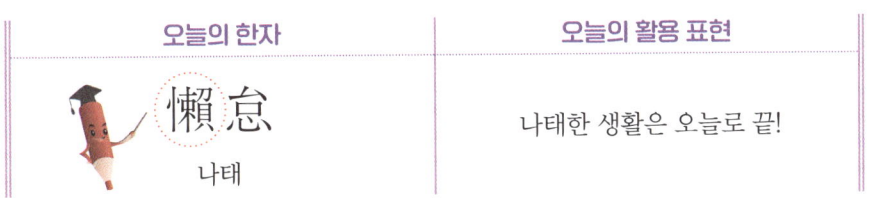 나태	나태한 생활은 오늘로 끝!

따라 써 보세요!

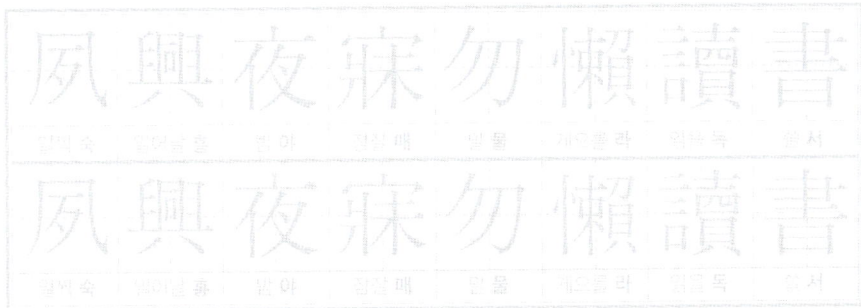

5월 7일 — 자포자기

自	暴	自	棄
스스로 자	해칠 포	스스로 자	버릴 기

자기 자신을 스스로 해치고 스스로 버림.

깊은 절망에 빠져 자신을 돌보지 않고 모든 것을 포기하는 상황을 가리킵니다.
우스갯소리로 "포기는 배추를 셀 때나 쓰는 말"이라고 합니다.
힘든 상황에 부딪히더라도 포기하지 말고 마음을 다잡읍시다!

오늘의 한자	오늘의 활용 표현
抛棄 포기	절대 포기하지 않기

따라 써 보세요!

自	暴	自	棄	自	暴	自	棄
스스로 자	해칠 포	스스로 자	버릴 기	스스로 자	해칠 포	스스로 자	버릴 기
自	暴	自	棄	自	暴	自	棄
스스로 자	해칠 포	스스로 자	버릴 기	스스로 자	해칠 포	스스로 자	버릴 기

부혜생아하시고 모혜국아하신다　● 5월 8일

명심보감 효행편

아버지는 나를 낳으시고, 어머니는 나를 기르셨다.

오늘은 어버이날입니다.
나를 낳으시고 기르신 부모님 덕분에 내가 세상에 나올 수 있었습니다.
어떻게 하면 그 은혜에 보답할 수 있을지 생각하는 하루가 되길 바랍니다.

따라 써 보세요!

5월 9일 · 효어친하면 자역효지니라

명심보감 효행편

내가 부모님께 효도하면 자식도 나에게 효도할 것이다.

나중에 내 자녀는 나와 생김새도 비슷하고 성품도 비슷한 아이일 겁니다.
내가 부모님께 효도하면 내 자식도 나에게 효도합니다.
보고 배우는 게 그렇게 중요합니다.

오늘의 한자	오늘의 활용 표현
孝心 효심	효심이 깊은 우리 엄마

따라 써 보세요!

이약실지자선의   • 5월 10일

以	約	失	之	者	鮮	矣
써 이	맺을 약	잃을 실	어조사 지	놈 자	적을 선	어조사 의

논어 이인편

자신의 행동을 절제하고 제약함으로써 손해를 보는 사람은 드물다.

정도를 넘지 않도록 조절하고 제어하는 것을 '절제'라고 합니다.
절제는 자신과의 싸움에서 이길 때 가능합니다.
나는 얼마나 절제하고 있나요?

오늘의 한자	오늘의 활용 표현
節制 절제	먹는 것을 절제하기 힘들다.

따라 써 보세요!

5월 11일 · 근면공부 부모열지

사자소학

공부에 부지런히 힘쓰면 부모님이 기뻐하신다.

여러분은 왜 공부를 열심히 하나요?
부모님을 위해 공부해서는 안 되지만,
공부를 열심히 했더니 부모님이 기뻐하신다면 그것도 좋은 일 아닐까요?

오늘의 한자	오늘의 활용 표현
勤勉 근면	근면 성실한 우리 부모님

따라 써 보세요!

용두사미   • 5월 12일

龍 頭 蛇 尾
용 용   머리 두   뱀 사   꼬리 미

처음은 좋았지만 끝이 좋지 않음.

용의 머리와 뱀의 꼬리라는 말로, 처음은 좋았지만
끝이 흐지부지하게 끝날 때 쓰는 말입니다.
혹시 거창하게 계획만 세우고 결과는 보잘것없던 적이 있나요?
번지르르한 계획보다 지킬 수 있는 계획을 세우는 게 중요합니다.

오늘의 한자	오늘의 활용 표현
 石頭 석두	나를 석두라고 놀렸다.

따라 써 보세요!

龍 頭 蛇 尾   龍 頭 蛇 尾
용 용 머리 두 뱀 사 꼬리 미   용 용 머리 두 뱀 사 꼬리 미

龍 頭 蛇 尾   龍 頭 蛇 尾
용 용 머리 두 뱀 사 꼬리 미   용 용 머리 두 뱀 사 꼬리 미

5월 13일 · 시은물구보하고 여인물추회하라

명심보감 존심편

은혜를 베풀면서 그 보답을 바라지 말고, 남에게 주었거든 나중에 후회하지 말라.

남에게 은혜를 베풀면서 보답을 바라면 상대에게 섭섭해지기 마련입니다.
은혜를 베풀었으면 깨끗이 잊어야 합니다.
이럴 때 비로소 은혜가 은혜로 남습니다.

오늘의 한자	오늘의 활용 표현
報答 보답	부모님 은혜에 보답하다.

따라 써 보세요!

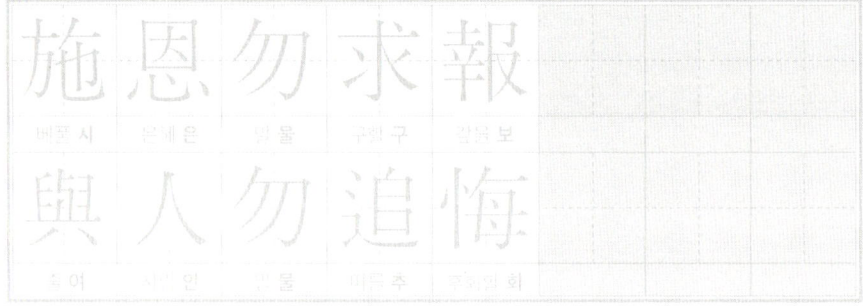

서책랑자 매필정돈

• 5월 14일

사자소학

서책이 흐트러졌거든 매번 반드시 정돈하라.

정리 정돈을 안 하는 사람은 공부도 잘 못합니다.
머릿속이 항상 뒤죽박죽하다는 뜻이니까요.
항상 주변을 깔끔하게 정리 정돈하는 습관을 들이면 나의 생활도 달라집니다.

오늘의 한자	오늘의 활용 표현
整頓 정돈	정돈이 잘된 내 책상

따라 써 보세요!

5월 15일 — 사사여친 필공필경

事 (일 사)　師 (스승 사)　如 (같을 여)　親 (친할 친)
必 (반드시 필)　恭 (공손할 공)　必 (반드시 필)　敬 (공경할 경)

— 사자소학

스승 섬기기를 어버이와 같이 하여 반드시 공손하고 반드시 공경하라.

나에게 좋은 가르침을 주는 스승님은 부모님에게 그러하듯 공손하게 대해야 합니다.
오늘은 스승의 날입니다.
스승님의 소중함을 되새겨 보는 날이 되면 좋겠습니다.

오늘의 한자	오늘의 활용 표현
恭遜 공손	선생님을 대하는 공손한 태도

따라 써 보세요!

事 師 如 親 必 恭 必 敬
일 사　스승 사　같을 여　친할 친　반드시 필　공손할 공　반드시 필　공경할 경

事 師 如 親 必 恭 必 敬
일 사　스승 사　같을 여　친할 친　반드시 필　공손할 공　반드시 필　공경할 경

죽마고우　　　5월 16일

대나무 말을 타고 놀던 옛 친구.

어릴 때부터 같이 놀며 자란 친한 친구를 '죽마고우'라고 합니다.
서로 이익을 따지지 않고 마냥 좋기만 해서 친구가 된 사이는 귀하고 소중합니다.
그런 친구에게 오늘 연락 한번 해 보면 어떨까요?

오늘의 한자	오늘의 활용 표현
竹筍 죽순	대나무 땅속 줄기에서 돋아나는 죽순

따라 써 보세요!

5월 17일

타산지석

他	山	之	石
다를 **타**	뫼 **산**	어조사 **지**	돌 **석**

다른 산의 돌

다른 산의 돌처럼 쓸모없어 보이는 돌이라도 얼마든지 유용하게 사용할 수 있습니다. 나와는 상관없어 보이는 사람들의 언행을 본받아 내 발전의 디딤돌로 삼아 보세요.

오늘의 한자	오늘의 활용 표현
他人 타인	완전 타인이 되어 버린 친구

따라 써 보세요!

장자지전 진퇴필공　　　● 5월 18일

사자소학

어른 앞에서는 나아가고 물러날 때 반드시 공손히 하라.

어른들이 공손하지 않은 아이들을 혼낼 때 '버릇없다'라고 나무라곤 합니다.
어른들 앞에서 주눅 들 필요는 없지만 항상 언행을 조심해야 합니다.
상대에 대한 배려이기도 하지만 결국 나에게 유익입니다.

오늘의 한자	오늘의 활용 표현
進退 (진퇴)	진퇴를 거듭하는 전투

따라 써 보세요!

5월 19일 · 복불가이재구니라

복은 두 번 얻을 수 없느니라.

좋은 기회는 자주 찾아오지 않습니다. 스치듯 지나가 버리는 것이 기회입니다.
나에게 주어진 좋은 기회를 성실함으로 꼭 붙잡기 바랍니다.

오늘의 한자	오늘의 활용 표현
懇求 간구	나의 간구를 꼭 들어주세요.

따라 써 보세요!

학수고대　　　5월 20일

학 학　　머리 수　　쓸 고　　기다릴 대

학처럼 머리를 길게 빼고 몹시 기다린다.

우리는 흔히 '간절히 기다린다'를
'목 빠지게 기다렸다'라고 표현합니다.
혹시 목이 빠지게 무엇인가를 기다리고 있나요?
마음을 다하면 이루어집니다.

오늘의 한자	오늘의 활용 표현
苦待 고대	고대하고 고대하던 합격

따라 써 보세요!

鶴 首 苦 待　鶴 首 苦 待
학 학　머리 수　쓸 고　기다릴 대　학 학　머리 수　쓸 고　기다릴 대

鶴 首 苦 待　鶴 首 苦 待
학 학　머리 수　쓸 고　기다릴 대　학 학　머리 수　쓸 고　기다릴 대

5월 21일 　　　　　　　　　　　　　　　　　　　　　　　**소만**

24절기 중 여덟 번째 절기.

1년 중 날씨가 가장 좋은 5월은 식물이 성장하기에도 가장 좋은 절기입니다.
이때 식물들이 가장 잘 자라 천지에 가득찬다(滿) 하여 '소만'이라는 이름이 붙었습니다.
여러분도 꽉 찬 하루하루를 보내기 바랍니다.

오늘의 한자	오늘의 활용 표현
滿開 만개	꽃이 만개했다.

따라 써 보세요!

의사필문 분사필난   • 5월 22일

疑 思 必 問
의심할 의 / 생각할 사 / 반드시 필 / 물을 문

忿 思 必 難
성낼 분 / 생각할 사 / 반드시 필 / 어려울 난

사자소학

의심나면 반드시 물을 것을 생각하며, 화가 나면 반드시 어려움을 생각하라.

의문점이 있으면 선생님이나 부모님께 물어서라도 반드시 알고 넘어가는 것이 좋습니다. 화를 낸 다음에 찾아올 곤란함을 생각하면 마음을 다스리기 좋습니다.

오늘의 한자	오늘의 활용 표현
疑問 의문	의문을 품다.

따라 써 보세요!

5월 23일 — 횡설수설

横說竪說

| 가로 횡 | 말씀 설 | 세로 수 | 말씀 설 |

조리 없는 말을 함부로 지껄임.

'횡설수설'을 직역하면 '가로로 말을 하다가 세로로 말을 한다'는 뜻입니다.
여러분들 중에 혹시 잠꼬대처럼 횡성수설하며 말하는 친구는 없겠죠?

오늘의 한자	오늘의 활용 표현
橫斷 횡단	대륙 횡단 열차

따라 써 보세요!

横說竪說 横說竪說
가로 횡 말씀 설 세로 수 말씀 설 가로 횡 말씀 설 세로 수 말씀 설

横說竪說 横說竪說
가로 횡 말씀 설 세로 수 말씀 설 가로 횡 말씀 설 세로 수 말씀 설

행필정직 언즉신실

• 5월 24일

사자소학

행실은 반드시 정직해야 하고, 말은 미덥고 성실하게 하라.

나의 행동과 말을 항상 돌아보는 것은 좋은 습관입니다.
나의 행동과 말이 얼마나 정직하고 믿을 만한지 항상 돌아보고 반성하면,
나의 모습은 점점 좋은 방향으로 발전할 겁니다.

오늘의 한자	오늘의 활용 표현
行實 행실	미더운 나의 행실

따라 써 보세요!

5월 25일 · 지족상족이면 종신불욕이라

명심보감 안분편

만족함을 알고 늘 만족하는 사람은 평생 욕을 안 먹는다.

다른 사람에게 욕을 먹는 이유는 자신만 알고 욕심을 부리기 때문입니다.
욕심 부리지 않고 만족하며 감사하는 태도를 가진다면, 평생 존중받으며 살게 됩니다.

오늘의 한자	오늘의 활용 표현
終身 종신	종신형을 받은 죄인

따라 써 보세요!

지지상지이면 종신무치니라 • 5월 26일

명심보감 안분편

그침을 알고 늘 그치는 사람은 평생 부끄러움을 당하지 않는다.
어떤 행동을 어느 순간에 그칠 줄 아는 사람은 평생 부끄러움을 당하지 않습니다.
멈출 때 멈추고 그쳐야 할 때 그칠 줄 아는 사람이 되길 바랍니다.

오늘의 한자	오늘의 활용 표현
停止 정지	정지 신호에 멈춰야 한다.

따라 써 보세요!

5월 27일 **유비무환**

준비를 잘하면 걱정이 없다.

여러분은 시험공부를 할 때 '벼락치기'를 하나요?
준비를 잘하면 걱정 대신, 그 일에 대한 기대감이 생깁니다.
시간을 잘 분배해 미리미리 준비하는 습관을 들여 보세요.

오늘의 한자	오늘의 활용 표현
 常備 상비	상비해야 할 구급약

따라 써 보세요!

장유유서

• 5월 28일

長 幼 有 序
어른 **장**　어릴 **유**　있을 **유**　차례 **서**

어른과 아이는 차례가 있다.

어른과 아이 사이에는 차례와 질서가 있어야 합니다.
눈에 잘 보이지는 않지만 세상에는 차례와 질서가 있고,
그렇기 때문에 세상이 조화롭게 유지되며 잘 돌아가는 것입니다.

오늘의 한자	오늘의 활용 표현
秩序 질서	질서를 지키다.

따라 써 보세요!

5월 29일 · 우경불위라도 노이불원이라

> 논어 이인편

아무리 힘들더라도 부모님을 원망해서는 안 된다.

자신의 불행을 자꾸 부모님 탓으로 돌리는 사람들이 있습니다.
부모님 탓을 하거나 부모님을 원망하는 태도는 반드시 고쳐야 합니다.
부모님께는 항상 감사해도 부족함이 있습니다.

오늘의 한자	오늘의 활용 표현
怨望 원망	원망의 눈초리

따라 써 보세요!

사필귀정

• 5월 30일

일 **사**   반드시 **필**   돌아갈 **귀**   바를 **정**

모든 일은 반드시 바름으로 돌아간다.

세상일은 돌고 돌아 결국 바름으로 돌아가게 되어 있습니다.
사람들이 옳고 착한 일을 하다가도 지치는 이유는
꼼수를 부리는 사람들이 더 잘되는 것처럼 보이기 때문입니다.
하지만 세상은 절대 그렇게 돌아가지 않습니다.

오늘의 한자	오늘의 활용 표현
歸還 귀환	고국으로 귀환하는 선수들

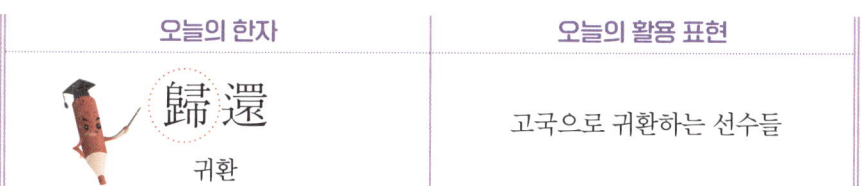

따라 써 보세요!

5월 31일 — 덕불고필유린

德	不	孤	必	有	隣
큰 덕	아니 불	외로울 고	반드시 필	있을 유	이웃 린

논어 이인편

덕이 있는 사람은 외롭지 않고 반드시 이웃이 있다.

벌과 나비가 향기로운 꽃으로 모이듯,
덕이 있는 사람 주위에는 항상 좋은 사람들이 모여듭니다.
그러니 외롭지 않지요. 나는 덕이 있는 사람인가요?

오늘의 한자
孤獨 고독

오늘의 활용 표현
고독하게 지내는 할머니

따라 써 보세요!

德	不	孤	必	有	隣
큰 덕	아니 불	외로울 고	반드시 필	있을 유	이웃 린

德	不	孤	必	有	隣
큰 덕	아니 불	외로울 고	반드시 필	있을 유	이웃 린

6월

6월 1일 · 호사다마

好	事	多	魔
좋을 호	일 사	많을 다	마귀 마

좋은 일에는 많은 방해가 따른다.

좋은 일이 있기 전에는 여러 가지 안 좋은 일들이 일어납니다.
우울해하지 말고 자연스럽게 받아들여 보세요.
좋은 일은 그냥 오지 않고 안 좋은 일을 앞세우고 오니까요.

오늘의 한자	오늘의 활용 표현
 多少 다소	다소나마 도움이 되었기를 바란다.

따라 써 보세요!

책인자는 부전교라 · 6월 2일

명심보감 존심편

남을 꾸짖는 사람은 남과 온전하게 사귈 수 없다.

다른 사람을 꾸짖거나 비판하는 것은 조심하세요.
특히 친구를 꾸짖거나 비판하면, 그 친구와 좋은 관계를 맺기 어렵습니다.

오늘의 한자	오늘의 활용 표현
責任 책임	책임을 다하다.

따라 써 보세요!

6월 3일 — 자서자는 불개과니라

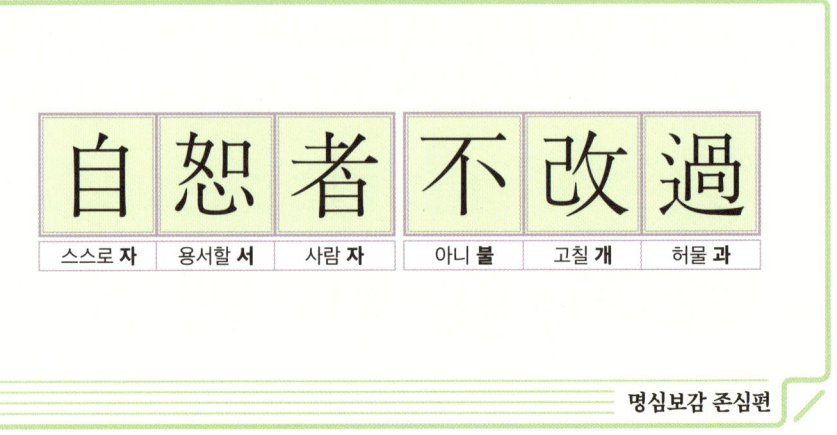

自	恕	者	不	改	過
스스로 자	용서할 서	사람 자	아니 불	고칠 개	허물 과

명심보감 존심편

자기 자신을 용서하는 사람은 허물을 고치지 못한다.

남은 절대 용서하지 않으면서 자신에게는 한없이 관대한 사람들이 많습니다.
하지만 자기 자신에게 관대한 사람은 자신의 허물을 고치지 못하기 때문에 발전이 없습니다.

오늘의 한자

過失
과실

오늘의 활용 표현

과실을 눈감아 주다.

따라 써 보세요!

自	恕	者	不	改	過
스스로 자	용서할 서	사람 자	아니 불	고칠 개	허물 과
自	恕	者	不	改	過
스스로 자	용서할 서	사람 자	아니 불	고칠 개	허물 과

각양각색

• 6월 4일

여러 가지 모양과 빛깔.

사람들의 다양한 모습을 표현할 때 쓰는 말입니다.
아무리 많은 사람들이 모여 있어도 한 사람씩 자세히 보면 모두 제각각입니다.
나는 다른 사람들에게 어떤 모양과 빛깔을 내는 사람일까요?

오늘의 한자	오늘의 활용 표현
模樣 모양	단정한 머리 모양

따라 써 보세요!

6월 5일 · 용모단정 의관정제

사자소학

용모를 단정하게 하고, 의관을 바르고 가지런하게 하라.

나의 내면이 가장 잘 드러나는 곳이 얼굴과 옷차림입니다.
얼굴과 옷차림을 보면 어떤 사람인지를 알 수 있습니다.
얼굴은 단정하게 하고, 옷차림은 바르고 가지런하게 하면
다른 사람에게 좋은 인상을 줍니다.

오늘의 한자	오늘의 활용 표현
容貌 용모	용모가 단정한 나

따라 써 보세요!

망종

• 6월 6일

24절기 중 아홉 번째 절기.

벼나 보리 따위 같이 까끄라기가 있는 곡식을 일러 '망종'이라 합니다.
망종에는 보리를 수확하고 모내기를 시작합니다.
때문에 "발등에 오줌 싼다"라고 할 만큼 1년 중 가장 바쁜 절기입니다.

오늘의 한자	오늘의 활용 표현
種子 종자	좋은 종자를 심어야 한다.

따라 써 보세요!

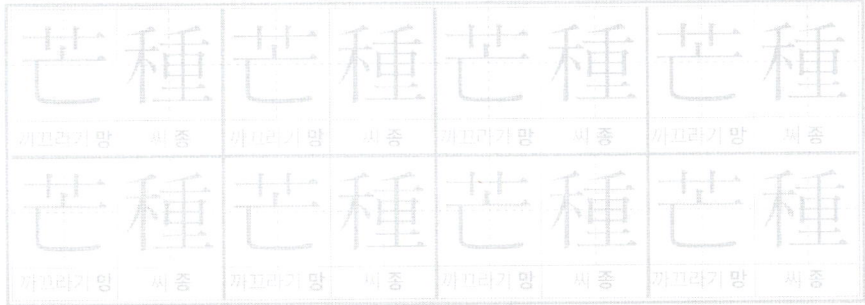

6월 7일 — 경거망동

輕 擧 妄 動
가벼울 경 / 들 거 / 망령될 망 / 움직일 동

가볍고 망령되게 행동한다.

일의 앞뒤를 생각하지 않고 경솔하게 행동하지는 않나요?
'경거망동'하는 사람의 말과 행동은 믿을 수가 없습니다.
매사 조심하고 신중하게 행동해야겠습니다.

오늘의 한자	오늘의 활용 표현
擧動 거동	거동이 불편한 할아버지

따라 써 보세요!

輕	擧	妄	動	輕	擧	妄	動
가벼울 경	들 거	망령될 망	움직일 동	가벼울 경	들 거	망령될 망	움직일 동
輕	擧	妄	動	輕	擧	妄	動
가벼울 경	들 거	망령될 망	움직일 동	가벼울 경	들 거	망령될 망	움직일 동

계명이기 필관필수　　6월 8일

鷄 鳴 而 起
닭 계 / 울 명 / 말이을 이 / 일어날 기

必 盥 必 漱
반드시 필 / 대야 관 / 반드시 필 / 양치질할 수

사자소학

닭이 우는 새벽에 일어나서 반드시 세수하고 양치질하라.

닭은 여름에는 새벽 5시 즈음에 울고 겨울에는 6시 즈음에 웁니다.
이 시간에 일어나서 세수하고 양치질을 하라니 너무 심하다고요?
일찍 일어나는 일은 정말 좋은 습관 중 하나입니다.
습관이 나를 만듭니다.

오늘의 한자	오늘의 활용 표현
洗手 세수	세수를 하고 나니 정신이 든다.

따라 써 보세요!

鷄 鳴 而 起 必 盥 必 漱
닭 계 / 울 명 / 말이을 이 / 일어날 기 / 반드시 필 / 대야 관 / 반드시 필 / 양치질할 수

鷄 鳴 而 起 必 盥 必 漱
닭 계 / 울 명 / 말이을 이 / 일어날 기 / 반드시 필 / 대야 관 / 반드시 필 / 양치질할 수

6월 9일 — 막담타단 미시기장

莫 없을 막　談 말씀 담　他 다를 타　短 짧을 단
靡 쓰러질 미　恃 믿을 시　己 자기 기　長 길 장

— 사자소학

다른 사람의 단점을 말하지 말고, 자기의 장점을 믿지 말라.

우리는 흔히 이와는 반대로 행동하곤 합니다.
남의 단점은 열심히 말하고 자기의 장점은 열심히 자랑하지요.
나는 어떤가요?

오늘의 한자	오늘의 활용 표현
短點 단점	남의 단점을 들추지 마세요.

따라 써 보세요!

莫 談 他 短 靡 恃 己 長
없을 막　말씀 담　다를 타　짧을 단　쓰러질 미　믿을 시　자기 기　길 장

莫 談 他 短 靡 恃 己 長
없을 막　말씀 담　다를 타　짧을 단　쓰러질 미　믿을 시　자기 기　길 장

인지생야직이라   • 6월 10일

논어 옹야편

사람의 삶은 정직해야 한다.

사람은 정직하게 살아야 합니다. 거짓은 힘이 없지만 정직은 힘이 셉니다.
나는 남에게 얼마나 정직한가요? 특히 나 자신에게는 얼마나 정직한가요?

오늘의 한자	오늘의 활용 표현
直言 직언	직언을 서슴지 않다.

따라 써 보세요!

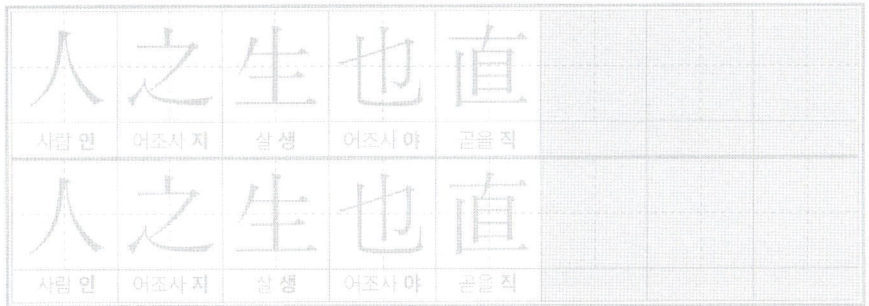

6월 11일 — 언어필신 거처필공

사자소학

언제나 말을 삼가고, 거처는 반드시 공손히 하라.

사람은 해야 할 말을 하지 않아서 탈이 나는 것보다는
하지 말아야 할 말을 해서 탈이 나는 경우가 많습니다.
하지 말아야 할 말에는 무엇이 있을까요?
욕, 놀리는 말, 헐뜯는 말, 거짓말 등은 절대 하지 말아야 합니다.

오늘의 한자	오늘의 활용 표현
愼重 신중	말은 신중하게 해야 한다.

따라 써 보세요!

고군분투

• 6월 12일

孤	軍	奮	鬪
외로울 고	군사 군	떨칠 분	싸움 투

외로운 군대가 강한 적과 용감히 잘 싸움.

적은 수의 약한 힘으로 별다른 도움 없이 어려운 일을 잘 해냈을 때 쓰는 말입니다.
혹시 외롭고 힘들게 '고군분투'하고 있는 일이 있나요?
너무 힘들면 부모님이나 선생님의 도움을 받는 것도 좋습니다.

오늘의 한자	오늘의 활용 표현
奮鬪 분투	분투하여 성공하다.

따라 써 보세요!

孤	軍	奮	鬪	孤	軍	奮	鬪
외로울 고	군사 군	떨칠 분	싸움 투	외로울 고	군사 군	떨칠 분	싸움 투
孤	軍	奮	鬪	孤	軍	奮	鬪
외로울 고	군사 군	떨칠 분	싸움 투	외로울 고	군사 군	떨칠 분	싸움 투

6월 13일 · 출호이자는 반호이자야니라

맹자 양혜왕편

너에게로 나간 것은 너에게 돌아온다.

오늘 내가 뱉은 말과 행동은 그대로 나에게 돌아옵니다.
이것을 믿는 사람은 말과 행동을 조심하겠지만,
믿지 않는 사람은 말과 행동을 함부로 하겠지요.
오늘 나로부터 나가는 것을 주의하세요.

오늘의 한자	오늘의 활용 표현
自招 자초	네 행동이 위험을 자초했다.

따라 써 보세요!

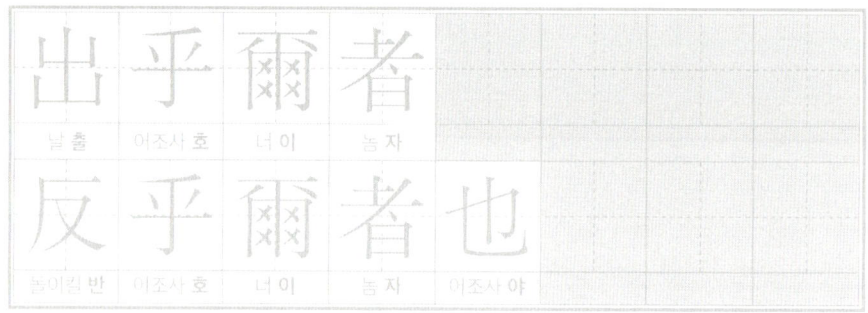

비례물시 비례물청

• 6월 14일

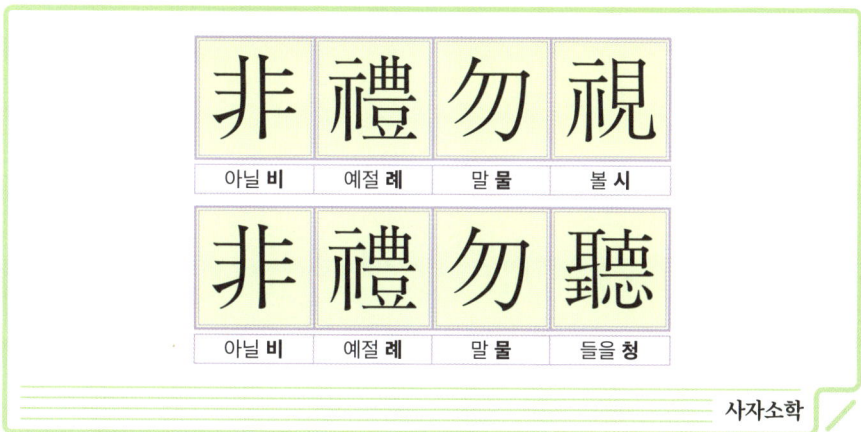

— 사자소학

예(禮)가 아니면 보지 말며, 예(禮)가 아니면 듣지도 말라.

사람을 만나면 인사하고, 거짓말하지 않고, 공중도덕을 지키고, 친구와 사이좋게 지내는 것 등이 모두 '예의'에 속합니다.
예의에 벗어난 것은 보지도 듣지도 말아야 합니다.

오늘의 한자	오늘의 활용 표현
禮儀 예의	예의를 잘 지키는 나

따라 써 보세요!

6월 15일 — 비례물언 비례물동

사자소학

예(禮)가 아니면 말하지 말고, 예(禮)가 아니면 움직이지 말라.

친구를 욕하거나 놀리지 말아야 합니다. 예가 아니기 때문입니다.
친구를 때리거나 함부로 대하지 말아야 합니다. 예가 아니기 때문입니다.

오늘의 한자	오늘의 활용 표현
動作 동작	필요 없는 동작 그만

따라 써 보세요!

구사일생　　　● 6월 16일

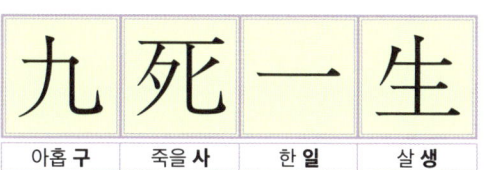

아홉 번 죽을 뻔하다가 한 번 살아난다.

여러 차례 죽을 고비를 넘기고 간신히 목숨을 건진다는 뜻입니다. 혹시 '구사일생'의 경험이 있었나요? 그런 경험이 있든 없든 현재의 삶은 너무 소중합니다. 오늘 하루도 허투루 보내지 마세요.

오늘의 한자	오늘의 활용 표현
一生 일생	일생 동안 고생만 했다.

따라 써 보세요!

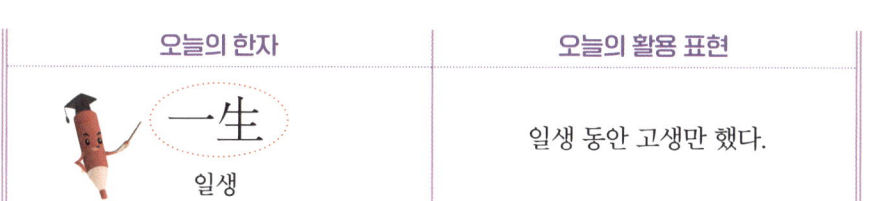

6월 17일 · 감지덕지

感	之	德	之
느낄 감	갈 지	큰 덕	갈 지

감사하게 생각하고 덕으로 생각하여 매우 고맙게 여긴다.

분에 넘치는 대우나 대접을 받아서 매우 고마울 때 쓰는 말입니다.
따지고 보면 부모님이 입혀 주고 먹여 주고 재워 주는 것도 감지덕지입니다.
그런데 우리는 그런 부모님께 고마움을 느끼고 있나요?

오늘의 한자	오늘의 활용 표현
感謝 감사	감사하고 고마운 부모님 은혜

따라 써 보세요!

感	之	德	之	感	之	德	之
느낄 감	갈 지	큰 덕	갈 지	느낄 감	갈 지	큰 덕	갈 지
感	之	德	之	感	之	德	之
느낄 감	갈 지	큰 덕	갈 지	느낄 감	갈 지	큰 덕	갈 지

작사모시 출언고행　　6월 18일

사자소학

일을 할 때는 시작을 잘 계획하고, 말을 할 때는 행실을 돌아보라.

어떤 일을 시작할 때는 무턱대고 하지 말고 계획을 세우고,
말을 할 때는 아무 말이나 하지 말고 자신을 돌아보아야 합니다.
공부를 할 때에도 오늘 내가 해야 할 공부를 계획한 뒤 시작해 보세요.

오늘의 한자	오늘의 활용 표현
始作 시작	공부를 시작하다.

따라 써 보세요!

6월 19일 · 득인차인이요 득계차계하라

명심보감 계성편

참고 또 참고, 경계하고 또 경계하라.

사람의 성품은 물과 같다고 했습니다.
한 번 쏟아진 물은 주워 담을 수 없듯이, 참지 못하는 것도 이와 같습니다.
조금도 참지 못하고 화를 내면 누구도 곁에 머무르지 않습니다.

오늘의 한자	오늘의 활용 표현
警戒 경계	경계를 늦추지 말아야 한다.

따라 써 보세요!

불인불계면 소사성대니라　　6월 20일

명심보감 계성편

참지 않고 경계하지 않으면 작은 일이 큰일이 된다.

작은 불씨가 큰불로 이어지듯 참지 못하면 작은 일이 큰일이 되기 마련입니다.
나의 말과 행동을 살피고 또 살피세요.
그렇지 않으면 나의 작은 언행으로 인해 큰 싸움이 일어날지도 모릅니다.

오늘의 한자	오늘의 활용 표현
小事 소사	대수롭지 않은 소사

따라 써 보세요!

6월 21일 · 하지

夏 至
여름 하 · 이를 지

24절기 중 열 번째 절기.
1년 중 낮의 길이는 가장 길고, 밤의 길이는 가장 짧은 절기입니다.
저녁 8시가 되었는데도 어두워지지 않습니다.
하지만 이날 이후로는 낮이 짧아지고 날씨는 여름으로 바뀌면서 날씨가 매우 더워집니다.

오늘의 한자	오늘의 활용 표현
夏季 하계	하계 수련회에 참가하고 싶다.

따라 써 보세요!

夏至 夏至 夏至 夏至
여름 하 이를 지 여름 하 이를 지 여름 하 이를 지 여름 하 이를 지

夏至 夏至 夏至 夏至
여름 하 이를 지 여름 하 이를 지 여름 하 이를 지 여름 하 이를 지

음식신절 언어공손

● 6월 22일

사자소학

음식을 삼가 절제하고, 언어를 공손히 하라.

아무리 좋은 것도 절제할 줄 알아야 좋습니다. 음식도 그렇습니다.
맛있다고 무절제하게 먹으면 건강을 해칠 뿐입니다.
말에도 절제가 있어야 합니다. 절제된 말이 아름답습니다.

오늘의 한자	오늘의 활용 표현
節制 절제	살찌는 음식을 절제하다.

따라 써 보세요!

6월 23일 ・ **감탄고토**

달면 삼키고 쓰면 뱉는다.

사람은 누구나 자기 비위에 맞으면 삼키고, 비위에 맞지 않으면 뱉기 마련입니다.
자신만 아는 이기적인 태도를 빗댄 표현입니다.
하지만 쓴 것이 약이 될 때가 많습니다.

오늘의 한자	오늘의 활용 표현
嘔吐 구토	구토가 나서 힘들었다.

따라 써 보세요!

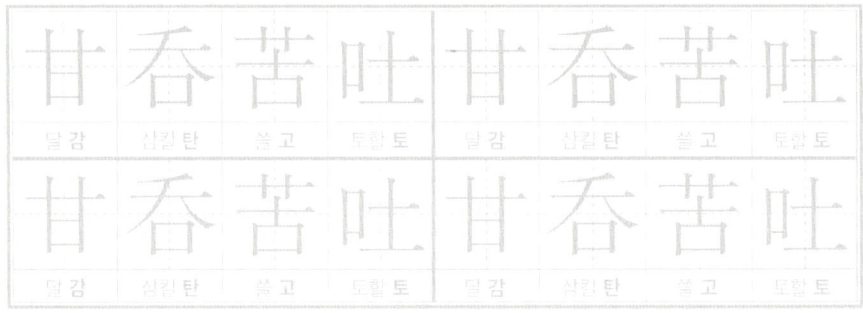

인생불학이면 여명명야행이니라   6월 24일

명심보감 근학편

사람이 배우지 않으면 어둡고 어두운 밤길을 가는 것과 같다.

불빛도 없는 깜깜한 밤길을 걷는다고 상상해 보세요.
얼마나 두렵고 답답할까요? 배우지 않는 것은 이와 같습니다.
삶의 이치를 깨닫기 힘들고 답답하기만 합니다. 배움은 밝은 빛입니다.

오늘의 한자	오늘의 활용 표현
夜行 야행	야행은 처음이라 떨린다.

따라 써 보세요!

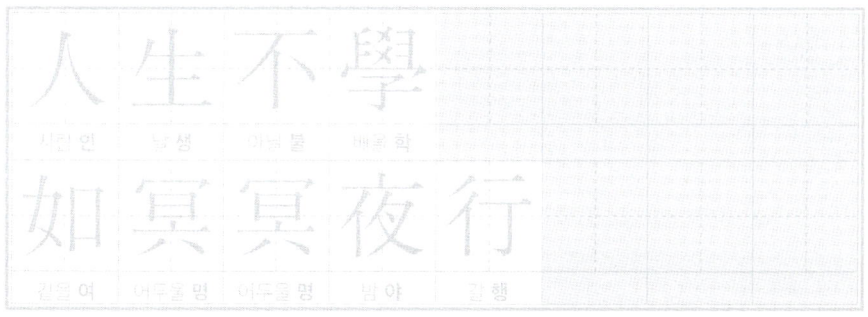

6월 25일 · 비인불인이요 불인비인이로다

명심보감 계성편

사람이 아니면 참지 못하고, 참지 못하면 사람이 아니다.

참지 못하면 사람이 아니라니 너무 심한 표현이라는 생각이 드나요?
하지만 참지 못해서 벌어지는 나쁜 일들이 정말 많습니다.
여러분은 참는 사람인가요, 뱉는 사람인가요?

오늘의 한자	오늘의 활용 표현
忍耐 인내	어려움을 인내하고 이겨 내다.

따라 써 보세요!

각골난망　　　6월 26일

刻 骨 難 忘
새길 각 / 뼈 골 / 어려울 난 / 잊을 망

은혜를 뼈에 새기고 잊지 않는다.
다른 사람에게 입은 은혜가 있다면 뼈에 새기고 기억하며 갚아야 합니다.
뼈에 새길 만큼 절대 잊지 못할 은혜를 입은 적이 있나요?
나는 그 은혜를 기억하며 보답하려고 하나요?

오늘의 한자	오늘의 활용 표현
忘却 (망각)	절대 망각할 수 없는 일

따라 써 보세요!

刻骨難忘　刻骨難忘
刻骨難忘　刻骨難忘

6월 27일 — 지지자는 불여호지자라

知 之 者
알 지 / 어조사 지 / 놈 자

不 如 好 之 者
아니 불 / 같을 여 / 좋을 호 / 어조사 지 / 놈 자

논어 옹야편

무언가를 아는 사람은 그것을 좋아하는 사람만 못하다.

무언가를 잘하기 위해서는 열심히 노력하는 것도 중요하지만,
그것을 좋아하는 마음이 있어야 합니다.
피아노를 잘 치려면 피아노 치는 것이 좋아야 합니다.
나는 내가 잘하고자 하는 것을 좋아하고 있나요?

오늘의 한자	오늘의 활용 표현
好感 호감	내가 호감을 느끼는 그 사람

따라 써 보세요!

知 之 者 不 如 好 之 者
알 지 / 어조사 지 / 놈 자 / 아니 불 / 같을 여 / 좋을 호 / 어조사 지 / 놈 자

知 之 者 不 如 好 之 者
알 지 / 어조사 지 / 놈 자 / 아니 불 / 같을 여 / 좋을 호 / 어조사 지 / 놈 자

호지자는 불여락지자라

• 6월 28일

논어 옹야편

무언가를 좋아하는 사람은 그것을 즐기는 사람만 못하다.

무언가를 좋아하는 사람보다 더 잘할 수 있는 사람은 그것을 즐기는 사람입니다.
즐기면서 하는 사람은 노력으로 당해 낼 수 없습니다.
나는 얼마나 즐기면서 내 일을 하고 있나요?

오늘의 한자	오늘의 활용 표현
音樂 음악	내가 좋아하는 음악 시간

따라 써 보세요!

6월 29일

인불학이면 **불지의**니라

명심보감 근학편

사람은 배우지 않으면 옳음을 알지 못한다.

수학이나 영어를 100점 받기 위해 배우는 건 아닙니다.
옳고 그름을 알고 실천하는 사람이 되기 위함입니다.
나는 옳고 그름을 알고 있나요?
알았다면 그대로 실천하고 있는지 생각해 보세요.

오늘의 한자	오늘의 활용 표현
學習 학습	오늘의 학습 과제

따라 써 보세요!

근묵자흑

• 6월 30일

近 墨 者 黑
가까울 근 먹 묵 놈 자 검을 흑

검은 먹을 가까이 하면 검어진다.

검은 먹으로 글씨를 쓰거나 그림을 그리다 보면 나도 모르게 손과 옷이 검게 물듭니다.
사람이든 물건이든 가까이 하면 그것을 닮아 가게 되어 있습니다.
나와 가까이 있는 사람과 물건을 살펴보세요.

오늘의 한자	오늘의 활용 표현
水墨畫 수묵화	매력 있는 수묵화

따라 써 보세요!

近墨者黑 近墨者黑
가까울 근 먹 묵 놈 자 검을 흑   가까울 근 먹 묵 놈 자 검을 흑

近墨者黑 近墨者黑
가까울 근 먹 묵 놈 자 검을 흑   가까울 근 먹 묵 놈 자 검을 흑

1권을 무사히 끝낸 여러분에게 박수를 보냅니다. 정말 수고 많았습니다. 하루 분량이 많지는 않아도 매일 빼먹지 않고 조금씩이라도 한자를 읽고 쓰는 것은 정말 대단한 일입니다.

혹시 공부했던 구절 중에서 이런 구절 기억나나요? '오직 세상에서 지극히 정성을 다하는 사람만이 세상을 변하게 할 수 있다'라는 구절 말입니다. 만약 생각이 안 나는 친구는 2월 13일에 썼던 구절을 확인해 보세요. 1권을 성실하고 정성스럽게 끝낸 친구들에게 이 구절을 꼭 들려주고 싶습니다. 하루에 한 쪽씩 쓰는 것은 작은 일이지만 이것을 무시하지 않고 정성을 다하는 친구들은 세상을 변화시키는 어벤저스가 될 수 있는 자격이 충분합니다. 여러분이 세상의 어벤저스입니다.

혹시 하루 한 쪽씩 써 가면서 나 자신이 조금씩 더 괜찮고 근사한 사람으로 변화되어 가는 느낌을 받은 친구가 있나요? 더 나아가서 부모님이나 주변 사람들로부터 멋진 사람이 되어 간다는 칭찬을 받은 적이 있나요? 이런 친구들에게는 정말 존경스럽다고 말해 주고 싶습니다. 아는 데서 그치지 않고 자기가 알게 된 것을 실천까지 하는 사람은 정말 드뭅니다. 머지않아 군자처럼 훌륭한 사람이 될 거라 확신합니다.

이제 1권을 마쳤으니 2권에도 도전해 보세요. 2권에도 여러분을 더 멋진 사람으로 변화시킬 수 있는 멋진 구절들이 기다리고 있습니다. 2권에서도 인생의 구절을 만날 수 있을지도 모릅니다. 여기에서 절대 포기하지 마세요. 2권과 함께 올해의 후반전을 후회 없이 멋지게 살아갈 수 있기를 응원합니다. 내가 변하면 세상도 아름답게 변하기 마련입니다. 여러분을 응원합니다.

초등교사 작가 **송재환**

고전에서 배우는 초등 국어 필수 한자
하루 한 쪽 한자 365 (1권)

제1판 1쇄 인쇄 | 2023년 1월 3일
제1판 1쇄 발행 | 2023년 1월 10일

지은이 | 송재환
펴낸이 | 오형규
펴낸곳 | 한국경제신문 한경BP
책임편집 | 마현숙
교정교열 | 최은영
저작권 | 백상아
홍보 | 이여진 · 박도현 · 하승예
마케팅 | 김규형 · 정우연
디자인 | 지소영
본문디자인 | 디자인 현

주소 | 서울특별시 중구 청파로 463
기획출판팀 | 02-3604-590, 584
영업마케팅팀 | 02-3604-595, 562   FAX 02-3604-599
H | http://bp.hankyung.com   E | bp@hankyung.com
F | www.facebook.com/hankyungbp
등록 | 제 2-315(1967. 5. 15)

ISBN 978-89-475-4871-7   74710
(세트) 978-89-475-4868-7   74710

책값은 뒤표지에 있습니다.
잘못 만들어진 책은 구입처에서 바꿔드립니다.